Ikigai

Entdecke den Weg in ein erfülltes Leben

Anna Somnis

Inhaltsverzeichnis

1. Einleitung

I. Bedeutung und Herkunft des „Ikigai“

Ikigai ist ein Begriff aus der japanischen Kultur, der in den letzten Jahren weltweit enorm an Bedeutung gewonnen hat. Die wörtliche Übersetzung dieses Begriffs lautet „Sinn des Lebens“ oder „Zweck des Lebens“. Doch Ikigai ist mehr als nur ein Begriff – es ist ein Konzept, das Ihnen helfen kann, ein erfülltes Leben zu führen.

Der Ursprung des Begriffs Ikigai geht auf die Insel Okinawa zurück, die für ihre hohe Lebenserwartung und das hohe Maß an Zufriedenheit und Glück ihrer Bewohner bekannt ist. Die Japaner auf der Insel haben eine hohe Lebenserwartung und zeigen eine erstaunliche körperliche und geistige Beweglichkeit, auch im Alter.

Die Bedeutung von Ikigai geht weit über das Konzept von Glück oder Wohlbefinden hinaus. Es geht darum, eine tiefe Verbindung zwischen dem, was man liebt, was man gut kann, was die Welt braucht und wofür man bezahlt wird, zu finden. In der japanischen Kultur ist Ikigai ein tief verwurzelter Wert, der für alle Aspekte des Lebens gilt, von der Arbeit über das Spiel bis hin zu Beziehungen.

Ikigai ist eine Kombination aus vier Elementen, die das Leben erfüllend und sinnvoll machen. Diese vier Komponenten sind: Leidenschaft, Berufung, Aufgabe und Beruf. Leidenschaft bezieht sich auf die Dinge, die Sie lieben, genießen und für die Sie sich begeistern. Berufung bezieht sich auf die Dinge, in denen Sie gut sind, die Ihnen leicht fallen und für die Sie sich begeistern. Aufgabe bezieht sich darauf, was die Welt braucht und was Sie dazu beitragen können. Schließlich bezieht sich Berufung auf das, wofür Sie bezahlt werden und was Sie für Ihren Lebensunterhalt tun.

In der japanischen Kultur ist Ikigai eng mit dem Konzept des „Geistes von Morioka“ verbunden. Morioka bezieht sich auf die Stadt Morioka in Japan, die für ihre einzigartige Kultur und ihren starken Gemeinschaftssinn bekannt ist. Der Geist von Morioka verkörpert die Idee, dass jeder einen einzigartigen Beitrag zur Welt leisten kann und dass es wichtig ist, sich auf die Gemeinschaft zu konzentrieren und Verantwortung für das eigene Leben zu übernehmen.

In der westlichen Kultur hat das Konzept des Ikigai in den letzten Jahren an Bedeutung gewonnen, da immer mehr Menschen nach einem erfüllten Leben suchen. Ikigai bietet einen Weg, die eigene Leidenschaft und Berufung mit einem höheren Ziel zu verbinden und so tiefere Erfüllung zu finden.

Ikigai ist jedoch kein statisches Konzept. Es kann und sollte sich im Laufe des Lebens weiterentwickeln. Mit der Zeit können sich Leidenschaften ändern, neue

Berufungen entstehen und Aufgaben neu definiert werden. Das Ziel von Ikigai ist es, sich ständig weiterzuentwickeln und zu wachsen, um ein erfülltes Leben zu führen.

Insgesamt ist Ikigai eine ganzheitliche Lebenseinstellung, die auf einem tiefen Verständnis von Selbstreflexion, Selbstentdeckung und Selbstverwirklichung beruht. Es ist ein Weg, die eigene Bestimmung zu finden und sie mit einem höheren Ziel zu verbinden. Die japanische Kultur hat gezeigt, dass die Praxis des Ikigai zu einem erfüllten und langen Leben führen kann.

Das Konzept des Ikigai kann auch auf andere Kulturen und Kontexte übertragen werden. Es geht darum, die eigenen inneren Werte zu untersuchen und zu verstehen, was einem wichtig ist. Es geht darum, seine Leidenschaft zu finden, seine Berufung zu leben, eine

Aufgabe zu haben und seinen Lebensunterhalt zu verdienen.

Ikigai zu verstehen kann Ihnen auch helfen, Entscheidungen im Leben zu treffen. Es kann Ihnen helfen, herauszufinden, ob ein Job oder eine Beziehung das Richtige für Sie ist, indem Sie sich fragen, ob es zu Ihren Leidenschaften, Ihrer Berufung, Ihre Aufgabe und Ihrem Beruf passt. Es kann Ihnen auch helfen, Prioritäten in Ihrem Leben zu setzen und herauszufinden, was wirklich wichtig ist.

Kurz gesagt: Ikigai ist ein in der japanischen Kultur tief verwurzelter Wert, der sich auf die Verbindung zwischen Leidenschaft, Berufung, Aufgabe und Beruf bezieht. Es ist ein Konzept, das zu einem erfüllten Leben beitragen kann, indem es hilft, die eigenen Werte und Ziele zu verstehen und auszurichten. Im nächsten Kapitel werden wir uns ansehen, wie Sie Ihr eigenes Ikigai finden können.

II. Ikigai für ein erfülltes Leben?

Das Konzept des Ikigai hat in der heutigen Gesellschaft zunehmend an Bedeutung gewonnen. In der schnelllebigen und stressigen Welt von heute suchen immer mehr Menschen nach einem Weg, ein erfülltes Leben zu führen. Ikigai kann uns helfen, uns auf das zu konzentrieren, was wichtig ist, und unser Leben in eine positive Richtung zu lenken.

Das Gefühl der Entfremdung ist eines der größten Probleme, mit denen die Menschen heute konfrontiert sind. Viele von uns fühlen sich unglücklich und unzufrieden bei der Arbeit und im täglichen Leben. Wir fühlen uns von unseren Mitmenschen und von uns selbst getrennt. Ikigai kann uns helfen, diese Entfremdung zu überwinden, indem es uns ermutigt, unsere Leidenschaften und Ziele zu erkennen und sie mit unserer Arbeit und unserem Lebensstil in Einklang zu bringen.

Ein weiterer wichtiger Faktor für die Relevanz von Ikigai ist die Suche nach einem höheren Ziel im Leben. Viele Menschen sind auf der Suche nach Sinn und Zweck in ihrem Leben. Ikigai kann uns dabei helfen, ein höheres Ziel zu finden, indem es uns hilft, unsere Leidenschaften und Talente mit den Bedürfnissen der Welt um uns herum zu verbinden.

Ikigai kann uns dabei helfen, ein sinnvolles Leben zu führen. Viele Menschen fühlen sich leer und unglücklich, weil sie das Gefühl haben, ihr Leben sei sinnlos. Ikigai kann uns helfen, unsere Werte und Ziele zu formulieren und uns auf das zu konzentrieren, was wirklich wichtig ist.

Weiterhin kann Ikigai bei der Praktizierung eines erfüllten Lebens helfen. Wenn wir unsere Leidenschaften und Talente in unserer Arbeit und in unserem täglichen Leben einsetzen, sind wir mit größerer

Wahrscheinlichkeit glücklich und erfüllt. Wir werden das Gefühl haben, dass wir einen Beitrag leisten und unserem Leben einen Sinn geben.

Zusammenfassend lässt sich sagen, dass Ikigai ein wichtiger Faktor für ein erfülltes Leben ist. Es kann uns helfen, unsere Leidenschaften und Talente zu nutzen und sie in unsere Arbeit und unser Leben zu integrieren. Es kann uns helfen, einen höheren Zweck und Sinn in unserem Leben zu finden. Im nächsten Kapitel werden wir uns ansehen, wie Sie Ihr eigenes Ikigai finden können.

2. Was ist Ikigai?

Ikigai ist ein Konzept aus der japanischen Kultur, das sich auf das Streben nach einem erfüllten Leben bezieht. Das Wort Ikigai setzt sich aus zwei japanischen Wörtern zusammen: „iki" bedeutet Leben und „gai" bedeutet Bedeutung oder Wert. Zusammengenommen bedeutet Ikigai „der Wert des Lebens" oder „der Sinn des Lebens".

Das Konzept des Ikigai ist eng mit dem japanischen Konzept des Glücks verbunden. In Japan wird Glück nicht als ein Zustand angesehen, der durch äußere Umstände wie Reichtum oder Erfolg erreicht wird, sondern als eine innere Erfahrung, die aus dem Erleben von Sinn und Erfüllung entsteht. Ikigai ist daher ein Konzept, das erklärt, wie man ein erfülltes Leben führen kann, indem man seine Talente und Leidenschaften verwirklicht.

Es gibt verschiedene Definitionen von Ikigai, aber im Allgemeinen wird es als der Punkt angesehen, an dem die persönlichen Leidenschaften und Talente mit den Bedürfnissen und Anforderungen der Welt um einen herum in Einklang gebracht werden. Mit anderen Worten: Es geht darum, das, was man gerne tut und wofür man von Natur aus begabt ist, mit dem zu verbinden, was die Welt braucht und was man für andere tun kann. Wenn Sie dieses Stadium erreicht haben, fühlen Sie sich erfüllt und zufrieden, und Sie haben das Gefühl, dass Ihr Leben einen Sinn hat.

Ein wichtiger Aspekt des Ikigai ist die Idee des „Flow-Erlebens". Flow ist ein psychologischer Zustand, in dem man völlig in eine Tätigkeit eintaucht, die man gerne macht und bei der man seine Fähigkeiten voll ausschöpfen kann. In diesem Zustand fühlt man sich glücklich, zufrieden und satt. Wenn Sie Ihr Ikigai gefunden haben, haben Sie die Möglichkeit, es häufiger zu erleben, indem Sie Ihre Talente und

Leidenschaften mit den Bedürfnissen der Welt um Sie herum in Einklang bringen.

I. Definition und Erläuterung des Begriffs

Ikigai ist ein japanisches Konzept, das sich auf das Streben nach einem erfüllten Leben bezieht. Es bezieht sich auf den Wert des Lebens und die Suche nach dem Sinn des Lebens. Das Konzept des Ikigai basiert auf der Idee, dass jeder Mensch eine einzigartige Kombination von Talenten, Fähigkeiten, Leidenschaften und Interessen hat, die ihn zu dem machen, was er ist, und die ihm helfen können, ein erfülltes Leben zu führen.

Eine Definition von Ikigai lautet: „Der Grund, warum man morgens aufsteht". Es geht also darum, etwas zu haben, für das es sich lohnt aufzustehen, das einem das Gefühl gibt, dass das Leben einen Sinn hat.

Ein weiteres wichtiges Element von Ikigai ist die Vorstellung, dass es sich um ein dynamisches Konzept handelt, das sich im Laufe des Lebens verändern und weiterentwickeln kann. Es geht also nicht nur darum, das Ikigai zu finden, sondern auch darum, es zu entwickeln und zu verfeinern.

Das Konzept des Ikigai basiert auf vier grundlegenden Elementen:

- **Leidenschaft:** die Dinge, die Sie gerne tun und die Ihnen Freude bereiten.
- **Aufgabe:** Das Ziel, das Sie im Leben erreichen wollen.
- **Berufung:** Die Fähigkeiten, Talente und Stärken, die Sie besitzen und die Sie zur Erfüllung Ihrer Aufgabe einsetzen können.
- **Beruf:** die Arbeit oder Tätigkeit, mit der man seinen Lebensunterhalt verdient.

Wenn Sie diese vier Elemente in Einklang bringen können, können Sie Ihr Ikigai finden und ein erfülltes Leben führen. Es geht darum, das, was Sie gerne tun und wofür Sie eine natürliche Begabung haben, mit dem zu verbinden, was die Welt braucht und was Sie für andere tun können. Wenn Sie dies in einem Beruf umsetzen, können Sie nicht nur ein erfülltes Leben führen, sondern auch einen bedeutenden und wichtigen Beitrag zur Gesellschaft leisten.

II. Unterschied zu den Konzepten von „Purpose“ und „Passion“

Das Konzept des Ikigai wird oft mit ähnlichen Konzepten wie „Purpose“ (Zweck) und „Passion“ (Leidenschaft) in Verbindung gebracht. Es gibt jedoch bedeutende Unterschiede, die es von diesen Konzepten unterscheiden.

Der Begriff „Purpose/ Zweck" bezieht sich auf das Ziel oder die Aufgabe, die Sie im Leben verfolgen. Mit anderen Worten, es ist der Grund für Ihr Dasein und das, was Sie tun wollen, um die Welt zu verändern. Sinn ist ein übergreifendes Konzept, das sich auf das gesamte Leben und nicht unbedingt auf eine bestimmte Tätigkeit oder Leidenschaft bezieht.

Ikigai hingegen konzentriert sich auf die Dinge, die Sie gerne tun und die Ihnen Freude bereiten. Mit anderen Worten, es ist die Verbindung zwischen Ihren Interessen und Leidenschaften und der Arbeit, die Sie für Ihren Lebensunterhalt tun. Ikigai bezieht sich also auf Ihren täglichen Lebensstil und die Arbeit, die Sie tun, um ein erfülltes Leben zu führen.

Der Begriff „Passion/ Leidenschaft" hat ebenfalls Ähnlichkeiten mit Ikigai, da er sich ebenfalls auf Dinge bezieht, die wir gerne tun und die uns Freude bereiten. Der Unterschied besteht darin, dass

Leidenschaft oft als eine intensive emotionale Erfahrung beschrieben wird, die mit Begeisterung und Eifer verbunden ist. Ikigai hingegen geht über die emotionale Erfahrung hinaus und bezieht sich auch auf die praktischen Schritte, die man unternehmen kann, um die eigenen Leidenschaften und Interessen in nützliche Aktivitäten zu verwandeln.

Ein weiterer wichtiger Unterschied zwischen Ikigai und anderen ähnlichen Konzepten ist, dass Ikigai eine Kombination aus verschiedenen Elementen ist. Es ist nicht nur die Kombination von Leidenschaft und Beruf, sondern auch die Einbeziehung von Aufgabe und Berufung. Diese Kombination von Elementen macht Ikigai zu einem allumfassenden Konzept, das auf eine ganzheitliche Lebensweise abzielt.

Es ist wichtig zu wissen, dass Ikigai nicht nur ein arbeitsbezogenes Konzept ist. Vielmehr geht es darum, Ihre Leidenschaften und Interessen in allen

Lebensbereichen zu verwirklichen, sei es in Hobbys, Beziehungen oder bei der Arbeit. Wenn Sie Ihr Ikigai gefunden haben, sollte es sich wie ein roter Faden durch Ihr Leben ziehen und Ihnen helfen, ein erfülltes und glückliches Leben zu führen.

Insgesamt unterscheidet sich Ikigai von ähnlichen Konzepten wie Purpose und Passion durch die Betonung der praktischen Umsetzung und der Kombination verschiedener Elemente. Wenn Sie Ihr Ikigai gefunden haben, können Sie ein erfülltes Leben führen, das von Leidenschaft und Sinn geprägt ist.

III. Die vier Komponenten des Ikigai

Ikigai basiert auf vier grundlegende Elemente, die im Folgenden erläutert werden.

Die Leidenschaft

Das Konzept von Ikigai basiert auf vier Komponenten, die zusammen ein erfülltes Leben schaffen: Leidenschaft, Berufung, Aufgabe und Beruf. Jede dieser Komponenten ist wichtig und trägt zu unserer Erfüllung und unserem Glück bei. In diesem Kapitel werden wir uns die erste Komponente genauer ansehen: die Leidenschaft.

Leidenschaft bezieht sich auf die Dinge, die uns am meisten aufregen und uns Leben geben. Es geht um die Dinge, die wir gerne tun, die uns mit Energie und Freude erfüllen und die uns einen Sinn geben.

Leidenschaft ist ein wichtiger Teil von Ikigai, denn sie motiviert uns, uns auf unsere Ziele zu konzentrieren und hilft uns durch schwierige Zeiten.

Es ist wichtig zu verstehen, dass sich Leidenschaft nicht auf ein Hobby oder eine Freizeitaktivität beschränkt. Wir können uns auch für unsere Arbeit, unsere Karriere, unsere Familie, unsere Freunde oder unsere Gemeinschaft begeistern. Es geht darum, die Dinge zu finden, die uns erfüllen und für die wir Leidenschaft empfinden.

Ein wichtiger Aspekt der Leidenschaft ist, dass sie oft von einer Flow-Erfahrung begleitet wird. Das bedeutet, dass wir so sehr in eine Tätigkeit vertieft sind, dass wir das Zeitgefühl verlieren und völlig in den Moment eintauchen. Flow-Erlebnisse sind ein wichtiger Indikator dafür, dass wir etwas tun, das uns begeistert und erfüllt.

Leidenschaft kann auch eine Quelle der Inspiration und Kreativität sein. Wenn wir uns für etwas begeistern, können wir oft besser darin werden und neue Ideen entwickeln. Wir sind motiviert, zu wachsen und uns selbst herauszufordern, um noch besser zu werden.

Es ist aber auch wichtig zu wissen, dass es manchmal schwierig ist, eine Leidenschaft zu finden. Manchmal dauert es eine Weile, bis wir herausfinden, wofür wir wirklich leidenschaftlich sind und was uns erfüllt. Manchmal müssen wir verschiedene Dinge ausprobieren und experimentieren, um herauszufinden, was uns am meisten anzieht. Es ist auch möglich, dass sich unsere Leidenschaften im Laufe der Zeit verändern und weiterentwickeln.

Generell ist Leidenschaft ein wichtiger Bestandteil von Ikigai, denn sie motiviert uns, uns auf unsere Ziele zu konzentrieren, und hilft uns, schwierige

Zeiten zu überstehen. Es geht darum, die Dinge zu finden, die uns erfüllen und uns leidenschaftlich machen. Indem wir unseren Leidenschaften nachgehen, können wir auch unsere Kreativität und Inspiration steigern und wachsen.

Berufung

Berufung ist eine der vier Komponenten des Ikigai, die uns hilft, einen Sinn im Leben zu finden und ein erfülltes Leben zu führen. In diesem Kapitel werden wir uns das Konzept der Berufung genauer ansehen, was es bedeutet und wie es uns helfen kann, unser Ikigai zu finden.

Was ist eine Berufung?

Berufung ist der Teil von uns, der sich nach einem höheren Ziel sehnt und uns antreibt, unsere Fähigkeiten und Talente so einzusetzen, dass wir das Gefühl haben, einen Beitrag für die Welt zu leisten. Es geht darum, das zu tun, was uns erfüllt und uns ein tieferes Gefühl der Zufriedenheit gibt. Der Beruf ist ein wichtiger Teil des Ikigai, denn er hilft uns, uns auf unseren wahren Lebenszweck zu konzentrieren.

Wie finde ich meine Berufung?

Es kann schwierig sein, seine Berufung zu finden, aber es gibt Dinge, die man tun kann, um diesen Prozess zu erleichtern. Der erste Schritt könnte sein, eine Liste der Dinge zu erstellen, die Sie gerne tun, und sich zu fragen, was Sie am liebsten tun. Es kann auch hilfreich sein, eine Liste mit Dingen zu erstellen, die Sie gerne tun, aber aus verschiedenen Gründen nicht tun. Dabei kann es sich um Dinge handeln, die Sie als Hobby betreiben, oder um Dinge, die Sie gerne tun würden, von denen Sie aber nicht sicher sind, ob Sie das Talent dazu haben. Sobald Sie wissen, was Ihnen wirklich am Herzen liegt, können Sie gezielt nach Möglichkeiten suchen, diese Dinge in Ihr Leben zu integrieren.

Eine andere Möglichkeit, Ihre Berufung zu finden, besteht darin, sich an die Momente im Leben zu erinnern, in denen Sie sich wirklich lebendig gefühlt haben. Das können Momente der Aufregung, des Glücks oder auch Zeiten sein, in denen Sie Hindernisse überwunden haben. Indem Sie diese Momente identifizieren, können Sie die Faktoren entdecken, die dazu beigetragen haben, dass Sie sich so lebendig gefühlt haben, und dann gezielt nach Wegen suchen, wie Sie diese Faktoren in Ihr Leben integrieren können.

Warum ist es wichtig, seine Berufung zu finden?

Liebe hilft uns, uns auf das zu konzentrieren, was wirklich wichtig ist. Wenn wir uns auf unsere Berufung konzentrieren, können wir unsere Zeit und Energie darauf verwenden, unsere Fähigkeiten und Talente zu verbessern und zu nutzen, um einen Beitrag zur Welt zu leisten. Indem wir uns auf unsere

Berufung konzentrieren, können wir auch unser Selbstvertrauen und unser Selbstwertgefühl stärken, weil wir das Gefühl haben, zu etwas Wertvollem und Sinnvollem beizutragen.

Ohne eine Berufung kann das Leben leer und sinnlos erscheinen. Wir können mit unserer Berufung unzufrieden sein und das Gefühl haben, dass wir unser Potenzial nicht ausschöpfen. Wir können uns auch orientierungslos und verloren fühlen, unsicher über unseren wahren Lebenszweck.

Da Sie nun wissen, was Berufung bedeutet und wie sie sich von Leidenschaft unterscheidet, ist es an der Zeit, die dritte Komponente von Ikigai zu untersuchen: die Aufgabe.

Die Aufgabe

Da Sie nun wissen, was Berufung bedeutet und wie sie sich von Leidenschaft unterscheidet, ist es an der Zeit, die dritte Komponente von Ikigai zu untersuchen: die Aufgabe.

Die Aufgabe bezieht sich auf die Idee, dass jeder Mensch eine einzigartige Aufgabe oder einen einzigartigen Zweck im Leben hat, den er erfüllen muss. Es geht darum, einen Beitrag zu leisten und einen positiven Unterschied in der Welt zu machen. Im Gegensatz zur Berufung, die sich auf die eigenen Talente und Fähigkeiten konzentriert, geht es bei der Aufgabe um die Wirkung, die man auf andere haben möchte.

Eine Aufgabe kann verschiedene Lebensbereiche betreffen, wie zum Beispiel:

- **Gemeinschaft**: die Aufgabe, etwas Positives für die Gesellschaft zu tun oder eine bestimmte Gruppe von Menschen zu unterstützen.
- **Umwelt:** Hier geht es darum, sich für den Schutz der Umwelt und die Erhaltung der natürlichen Ressourcen einzusetzen.
- **Bildung:** die Aufgabe, Wissen und Fähigkeiten zu vermitteln und anderen zu helfen, ihr Potenzial voll auszuschöpfen.
- **Gesundheit:** die Aufgabe, die Gesundheit und das Wohlbefinden anderer zu verbessern.

Jeder Mensch kann eine Aufgabe haben, und sie kann sich im Laufe des Lebens entwickeln. Eine Aufgabe kann auch in einem beruflichen Kontext gefunden werden, ist aber nicht zwingend erforderlich. Oft finden Menschen ihre Aufgabe durch ehrenamtliche Arbeit oder die Unterstützung einer bestimmten Organisation oder Bewegung.

Die Aufgabe als Teil des Ikigai kann auch dazu beitragen, ein tieferes Verständnis für die eigenen Werte und Überzeugungen zu entwickeln. Eine Aufgabe, die auf diesen Werten und Überzeugungen basiert, kann ein Gefühl der Erfüllung und Zufriedenheit im Leben vermitteln.

Wie finden Sie Ihre Aufgabe?

Die Suche nach der Aufgabe kann eine Herausforderung sein, aber es gibt ein paar Schritte, die Sie befolgen können, um Ihre Aufgabe zu finden:

- Denken Sie über Ihre Werte und Überzeugungen nach. Was ist Ihnen im Leben wichtig und was möchten Sie in der Welt verändern?
- Ermitteln Sie die Bereiche, die Sie interessieren oder in denen Sie bereits Erfahrung haben.
- Suchen Sie nach Organisationen oder Bewegungen, die sich auf diese Bereiche

konzentrieren, und finden Sie heraus, wie Sie sich engagieren können.

- Experimentieren Sie mit verschiedenen Optionen, um herauszufinden, was Ihnen am besten gefällt und was für Sie am besten funktioniert.

Es ist wichtig zu wissen, dass die Suche nach einer Aufgabe ein fortlaufender Prozess sein kann. Es ist durchaus möglich, dass man nicht sofort eine klare Aufgabe hat. Die Suche nach der eigenen Aufgabe kann eine Reise sein, und es ist wichtig, offen und neugierig zu bleiben.

Wie kann die Aufgabe zur Entwicklung beitragen?

Die eigene Aufgabe zu finden und sich ihr zu verschreiben, kann dem eigenen Leben Sinn und Erfüllung geben. Es kann auch dazu beitragen, ein tieferes Verständnis der eigenen Identität zu entwickeln und ein Gefühl der Zugehörigkeit zu einer größeren Gemeinschaft zu schaffen.

Das Sendungsbewusstsein in der Ikigai-Formel wird oft als „das, wofür man lebt“ beschrieben. Es ist das Gefühl, dass die eigenen Handlungen einen positiven Beitrag zur Welt leisten und dass das Leben einen höheren Zweck hat. Dieser Zweck kann sehr persönlich sein, wie z. B. die Erziehung der eigenen Kinder, oder auf die Gesellschaft als Ganzes ausgerichtet sein, wie z. B. die Arbeit für eine wohltätige Organisation.

Ein wichtiger Aspekt bei der Suche nach Ihrer Aufgabe ist, dass sie nicht unbedingt an eine bestimmte Tätigkeit gebunden ist, sondern eher an eine bestimmte Einstellung oder Überzeugung. Sie können Ihre Aufgabe in einer bestimmten Tätigkeit erfüllen, aber sie kann genauso gut in anderen Bereichen erfüllt werden.

Um Ihre Aufgabe zu finden, müssen Sie sich oft kritisch mit Ihren Werten und Überzeugungen auseinandersetzen. Es geht darum zu verstehen, was Ihnen im Leben wirklich wichtig ist und was Sie als Ihren Beitrag zur Welt sehen. Es kann hilfreich sein, sich Fragen zu stellen wie:

- Was würde ich tun, wenn ich kein Geld hätte?
- Was sind für mich die wichtigsten Werte im Leben?
- Was möchte ich der Welt hinterlassen, wenn ich nicht mehr bin?

Die Antworten auf diese Fragen können Ihnen helfen, Ihre Aufgabe zu erkennen und den Zweck Ihres Handelns besser zu verstehen.

In der Ikigai-Formel ist die Aufgabe eng mit der Berufung verbunden, da die meisten Menschen ihre Aufgabe durch ihre Arbeit erfüllen. Wenn die Arbeit jedoch nicht die Möglichkeit bietet, die Aufgabe zu erfüllen, kann die Aufgabe in anderen Bereichen gefunden werden, wie z. B. in der Freiwilligenarbeit oder bei Freizeitaktivitäten.

Es ist wichtig zu wissen, dass die Aufgabe kein statisches Konzept ist, sondern sich im Laufe des Lebens verändern kann. Sie kann durch Erfahrung und Lernen beeinflusst werden und sich im Laufe der Zeit weiterentwickeln. Die Entdeckung und Verfolgung der eigenen Aufgabe ist daher ein lebenslanges Unterfangen.

Der Beruf

Das letzte Element des Ikigai ist der Beruf oder das Gewerbe, das man ausübt. Dabei kann es sich um einen bezahlten Job, eine Karriere oder eine Tätigkeit handeln, die man als Freiwilliger ausübt. Der Beruf vermittelt ein Gefühl der Zielsetzung und des Beitrags zur Gesellschaft. Er kann auch eine Quelle der Identität und des Selbstwertgefühls sein.

Bei der Ikigai-Beschäftigung geht es jedoch nicht darum, den perfekten Job zu haben, um ein erfülltes Leben zu führen. Vielmehr geht es darum, eine Arbeit zu tun, die Sinn und Zweck hat und die man liebt, auch wenn sie mit Herausforderungen verbunden ist. Auch Schwierigkeiten und Hindernisse können Teil des Weges zu Ikigai sein.

Die berufliche Komponente von Ikigai ist eng mit den anderen drei Komponenten verbunden. Es geht darum, Ihre Leidenschaft, Berufung und Aufgabe in Ihren Beruf zu integrieren. Wenn Sie etwas tun, das Sie lieben und das auch der Welt nützt, kann das ein sehr befriedigender und erfüllender Teil Ihres Lebens sein.

Für manche Menschen kann es schwierig sein, ihre Leidenschaft, ihre Berufung und ihre Aufgabe mit ihrer Arbeit in Einklang zu bringen. Das kann daran liegen, dass sie einen Job haben, der nicht ihren wahren Interessen entspricht, oder dass sie den Sinn ihrer Arbeit nicht sehen. In diesem Fall kann es hilfreich sein, die eigene Arbeit mit den anderen Komponenten von Ikigai in Einklang zu bringen. Dies kann durch eine Veränderung des Arbeitsumfelds, der Tätigkeiten oder sogar durch einen kompletten Berufswechsel geschehen.

Andererseits kann es auch schwierig sein, etwas zu tun, das man liebt, aber nicht genug Geld verdient, um seine Bedürfnisse zu decken. In diesem Fall kann es notwendig sein, einen Kompromiss zu finden und eine bezahlte Arbeit zu haben, die es Ihnen ermöglicht, in Ihrer Freizeit Ihren Leidenschaften und Interessen nachzugehen.

Es ist auch wichtig zu betonen, dass der Beruf nicht die einzige Quelle für Ikigai sein sollte. Menschen können auch in anderen Bereichen ihres Lebens Ikigai finden, zum Beispiel in ihren Hobbys, ihrer Familie oder ihren sozialen Beziehungen. Es geht darum, ein ausgewogenes und erfülltes Leben zu führen und alle Aspekte, die einem wichtig sind, zu integrieren. Nur in der Kombination miteinander entfalten alle vier Elemente ihre Wirkung und tragen zu einem erfüllten Leben bei.

3. Die Bedeutung von Ikigai

Ikigai ist ein wichtiges Konzept für ein erfülltes Leben. Es hilft den Menschen, ihre Ziele im Leben zu finden und auf sie hinzuarbeiten. Dieses Kapitel erklärt, warum Ikigai im Leben wichtig ist.

Erfüllung im Leben

Ikigai hilft den Menschen, ein erfülltes Leben zu führen. Es geht darum, ein Gleichgewicht zwischen verschiedenen Aspekten des Lebens zu finden, um glücklich und zufrieden zu leben. Wenn Sie wissen, was Sie im Leben wollen und was Ihnen wichtig ist, können Sie Ihre Entscheidungen und Handlungen danach ausrichten. So kann man ein erfülltes Leben führen.

Klarheit bei der Entscheidungsfindung

Ikigai hilft auch dabei, klare Entscheidungen zu treffen. Wenn Sie Ihre Ziele im Leben kennen und wissen, was Ihnen wichtig ist, können Sie Entscheidungen auf der Grundlage dieser Faktoren treffen. Das reduziert Unentschlossenheit und Unsicherheit bei Lebensentscheidungen.

Motivation und Entschlossenheit

Das Konzept des Ikigai ist auch eine Quelle der Motivation und des Ziels. Wenn man sein Ikigai findet, muss man sich ein klares Ziel setzen. Es hilft Ihnen, sich auf das zu konzentrieren, was wichtig ist, und motiviert zu bleiben, um das Ziel zu erreichen.

Vermeidung von Burnout

Burnout ist ein Zustand der emotionalen und körperlichen Erschöpfung. Er kann durch Stress, Überarbeitung und Unzufriedenheit bei der Arbeit verursacht werden. Ikigai kann helfen, Burnout zu vermeiden, weil es Ihnen ermöglicht, ein Gleichgewicht zwischen Arbeit, Leidenschaft, Aufgabe und Berufung zu finden. Wenn Sie Ihre Arbeit als Berufung sehen und sie gerne ausüben, können Sie sich vor Burnout schützen.

Gesundheit und Wohlbefinden

Ikigai kann auch zur Verbesserung von Gesundheit und Wohlbefinden beitragen. Wenn man ein erfülltes Leben führt, fühlt man sich insgesamt zufriedener und glücklicher. Dies kann dazu beitragen, Stress und Ängste abzubauen, das Immunsystem zu stärken und das allgemeine Wohlbefinden zu verbessern.

Der Sinn und Zweck des Lebens

Schließlich trägt Ikigai auch dazu bei, dem Leben Sinn und Zweck zu geben. Wenn man weiß, was einem im Leben wichtig ist, kann man sich darauf konzentrieren, dieses Ziel zu erreichen. Dies führt zu einem

Gefühl der Vollendung und des Sinns im Leben, was für viele Menschen ein wichtiges Element ist.

I. Wissenschaftliche Erkenntnisse über die Rolle von Ikigai für Gesundheit und Wohlbefinden

In den letzten Jahren haben zahlreiche Forschungsstudien die Bedeutung von Ikigai für Gesundheit und Wohlbefinden nachgewiesen. Hier sind einige der wichtigsten wissenschaftlichen Erkenntnisse:

Reduzierung von Stress und Burnout

Ikigai kann helfen, Stress und Burnout zu reduzieren. Eine 2017 im Journal of Epidemiology veröffentlichte Studie ergab, dass Menschen mit einem hohen Ikigai-Niveau ein geringeres Risiko für Stress und Burnout haben. Die Forscher fanden heraus, dass ein achtsamer Umgang mit dem eigenen Ikigai helfen kann, Stress bei der Arbeit zu bewältigen und ein

Gleichgewicht zwischen Arbeit und Privatleben zu erreichen.

Verbesserung der psychischen Gesundheit

Ikigai kann auch zur Verbesserung der psychischen Gesundheit beitragen. Eine 2014 im International Journal of Geriatric Psychiatry veröffentlichte Studie ergab, dass ältere Erwachsene mit höheren Ikigai-Werten ein geringeres Risiko für Depressionen hatten. Die Forscher fanden heraus, dass Ikigai eine wichtige Rolle bei der Bewältigung von Stressfaktoren im Leben spielt und dazu beitragen kann, eine positive Lebenseinstellung zu bewahren.

Längere Lebensdauer

Menschen mit hohen Ikigai-Werten leben auch länger. Eine 2008 im Journal of Psychosomatic Research veröffentlichte Studie ergab, dass ältere Erwachsene mit einem hohen Ikigai-Wert weniger wahrscheinlich sterben. Die Forscher fanden heraus, dass Ikigai dazu beitragen kann, ein sinnvolles Leben zu führen und eine positive Lebenseinstellung zu bewahren, was zu einer höheren Lebenserwartung führen kann.

Steigerung des Glücksgefühls

Ikigai kann auch dazu beitragen, Glücksgefühle zu steigern. Eine 2016 im Journal of Happiness Studies veröffentlichte Studie ergab, dass Menschen mit höheren Ikigai-Werten ein größeres Glücksempfinden haben. Die Forscher fanden heraus, dass Ikigai den Menschen helfen kann, ein erfülltes Leben zu führen und eine positive Lebenseinstellung zu bewahren.

Verbesserung der körperlichen Gesundheit

Neben der Verbesserung der psychischen Gesundheit kann Ikigai auch zur Verbesserung der körperlichen Gesundheit beitragen. Eine 2019 im Journal of Psychosomatic Research veröffentlichte Studie ergab, dass Menschen mit einem hohen Maß an Ikigai ein geringeres Risiko für körperliche Krankheiten wie

Bluthochdruck und Diabetes haben. Die Forscher fanden heraus, dass Ikigai den Menschen helfen kann, ein aktives, gesundes Leben zu führen.

Darüber hinaus haben Studien den Zusammenhang zwischen Ikigai und einer längeren Lebenserwartung untersucht. Eine Studie aus dem Jahr 2008, an der mehr als 43 000 japanische Erwachsene im Alter zwischen 40 und 79 Jahren teilnahmen, ergab, dass Menschen mit einem starken Ikigai weniger wahrscheinlich innerhalb von sieben Jahren sterben. Eine weitere Studie aus dem Jahr 2017 mit mehr als 4.000 älteren japanischen Erwachsenen kam zu ähnlichen Ergebnissen. Sie zeigte, dass ein starkes Ikigai mit einem geringeren Risiko für Herz-Kreislauf-Erkrankungen und einem insgesamt längeren Leben verbunden war.

In Studien wurde auch der Zusammenhang zwischen Ikigai und psychischem Wohlbefinden untersucht. Eine Studie aus dem Jahr 2015 mit mehr als 800 japanischen Erwachsenen ergab, dass ein stärkeres Ikigai mit einer größeren Lebenszufriedenheit und einem geringeren Risiko für Depressionen verbunden war.

All diese Untersuchungen zeigen, dass Ikigai eine wichtige Rolle bei der Förderung von Gesundheit und Wohlbefinden spielen kann. Es ist jedoch wichtig zu beachten, dass Ikigai nicht der magische Schlüssel zu einem perfekten Leben ist. Es ist nur einer von vielen Faktoren, die unser Wohlbefinden beeinflussen können. Ein Mensch kann auch ein erfülltes Leben führen, ohne ein klares Ikigai zu haben. Es ist wichtig, die Bedürfnisse und Vorlieben jedes Einzelnen zu berücksichtigen und daran zu denken, dass jeder Mensch einzigartig ist und seine eigene Vorstellung von einem erfüllten Leben hat.

Insgesamt bilden die wissenschaftlichen Belege für die Bedeutung von Ikigai für Gesundheit und

Wohlbefinden eine solide Grundlage für die Integration des Konzepts in unser Leben. Wenn wir uns auf das konzentrieren, was uns wirklich wichtig ist, und unser Leben entsprechend anpassen, können wir unser Wohlbefinden verbessern und ein erfüllteres Leben führen.

II. Beispiele für verschiedene Kulturen, die das Konzept des Ikigai verkörpern

Das Konzept des Ikigai hat seinen Ursprung in Japan, aber ähnliche Ideen gibt es auch in anderen Kulturen. In diesem Kapitel werden wir uns Beispiele aus verschiedenen Kulturen ansehen, die das Konzept des Ikigai beinhalten.

Hygge aus Dänemark

Hygge ist ein dänisches Konzept, das Komfort, Wärme und Freundschaft in den Vordergrund stellt. Es geht darum, das Leben zu genießen, indem man schöne Dinge um sich hat, wie Kerzen, kuschelige Decken und gutes Essen. Hygge bedeutet auch, Zeit mit Freunden und Familie zu verbringen und in Gemeinschaft zu leben. Wie Ikigai unterstreicht hygge die Bedeutung von Beziehungen und Zusammengehörigkeit für unser Wohlbefinden.

Ubuntu in Südafrika

Ubuntu ist ein Bantu-Wort aus Südafrika, das sich auf die Verbundenheit aller Menschen untereinander bezieht. Es betont, dass wir durch unsere Beziehungen und Interaktionen miteinander verbunden sind. Ubuntu bezieht sich auf eine gemeinsame Haltung, von der alle Mitglieder einer Gemeinschaft profitieren. Das Konzept von Ubuntu unterstreicht auch die Bedeutung von gegenseitigem Respekt und Fürsorge.

Kintsugi aus Japan

Kintsugi ist eine japanische Technik zum Reparieren zerbrochener Gegenstände. Anstatt sie wegzuwerfen, werden die Risse und Brüche mit Gold oder Silber gefüllt, um die Schönheit der Reparatur zu betonen. Kintsugi betont die Schönheit von Gegenständen, die Risse und Brüche aufweisen, anstatt sie als defekt oder unvollständig zu betrachten. Dies kann als eine Metapher für das Leben verstanden werden, in dem wir durch unsere Herausforderungen und Schwierigkeiten wachsen und uns entwickeln.

Hüzün aus der Türkei

Hüzün ist ein türkisches Wort, das eine Art von Melancholie oder Traurigkeit beschreibt, die oft mit der Stadt Istanbul in Verbindung gebracht wird. Es ist eine Art Nostalgie oder Sehnsucht nach der Vergangenheit oder nach Dingen, die verloren gegangen sind. Hüzün unterstreicht die Bedeutung der

Erinnerung und den Wert der Vergangenheit für unsere Identität und unser Wohlbefinden.

Diese Beispiele aus verschiedenen Kulturen zeigen, dass es ähnliche Konzepte wie Ikigai gibt, die die Bedeutung von Beziehungen, Gemeinschaft, Identität und Wohlbefinden betonen. Wir können diese Konzepte auf unser eigenes Leben anwenden, um mehr Sinn, Erfüllung und Glück zu finden.

III. Erfahrungsberichte von Menschen, die Ikigai gefunden haben

Ikigai zu finden, kann für viele Menschen eine lebensverändernde Erfahrung sein. Es kann helfen, einen tieferen Sinn im Leben zu finden und das Gefühl der Erfüllung zu steigern. In diesem Kapitel werden einige Erfahrungsberichte von Menschen vorgestellt, die Ikigai gefunden haben.

Die erste Person, die wir Ihnen vorstellen möchten, ist Sarah, eine junge deutsche Frau. Sie war schon immer auf der Suche nach dem Sinn ihres Lebens und hatte das Gefühl, dass ihr Leben leer und sinnlos war. Als sie das erste Mal von Ikigai hörte, beschloss sie, es auszuprobieren. Sie begann darüber nachzudenken, was sie wirklich gerne tut, was sie gut kann und was ihr wichtig ist. Schließlich stellte sie fest, dass ihre Leidenschaft für Musik und ihre Fähigkeit, anderen zu helfen, die beiden wichtigsten Dinge für sie sind. Sie begann, als Musiktherapeutin zu arbeiten, und seither hat ihr Leben einen tieferen Sinn bekommen. Sie sagt: „Seit ich mein Ikigai gefunden habe, bin ich glücklicher und erfüllter als je zuvor. Ich habe das Gefühl, dass ich endlich meine Bestimmung gefunden habe.

Ein anderes Beispiel ist Tom, ein Amerikaner. Er fühlte sich immer unausgefüllt, obwohl er einen gut bezahlten Job und eine Familie hatte, die ihn liebte. Als er von Ikigai hörte, beschloss er, es zu versuchen.

Er begann, über seine Interessen und Fähigkeiten nachzudenken, und stellte fest, dass er die Fotografie liebte und auch gerne mit anderen Menschen zusammenarbeitete. Er beschloss, als Fotograf zu arbeiten und begann, sein Hobby zum Beruf zu machen. Seitdem hat er das Gefühl, dass er endlich seine Leidenschaft gefunden hat und wirklich zufrieden ist. Er sagt: „Seit ich mein Ikigai gefunden habe, bin ich viel glücklicher und ausgeglichener. Ich habe das Gefühl, dass ich endlich das tue, wozu ich geboren wurde.

Ein anderes Beispiel ist Maria, eine Spanierin. Sie hatte immer das Gefühl, dass ihr etwas fehlte, obwohl sie einen gut bezahlten Job und eine glückliche Beziehung hatte. Als sie von Ikigai hörte, beschloss sie, es zu versuchen. Sie erkannte, dass ihre Leidenschaft für Yoga und ihre Fähigkeit, anderen zu helfen, ihre beiden wichtigsten Elemente waren. Sie begann, als Yogalehrerin zu arbeiten, und seitdem hat sie das Gefühl, dass sie endlich ihren Lebenssinn gefunden hat. Sie sagt: „Seit ich mein Ikigai gefunden habe, fühle ich mich richtig lebendig. Ich habe das Gefühl, dass ich endlich das tue, wozu ich hier bin, und ich kann anderen helfen, ihre eigene Erfüllung zu finden."

Diese persönlichen Geschichten zeigen, wie wichtig es ist, sein Ikigai zu finden. Wenn man seine Leidenschaften und Fähigkeiten kennt und weiß, wie man sie einsetzen kann, kann man ein erfülltes Leben führen. Es geht darum, einen Sinn und ein Engagement im Leben zu finden. Manche Menschen finden ihr Ikigai in ihrer Arbeit, andere in ihren Hobbys oder in ehrenamtlichen Tätigkeiten. Welchen Weg man auch immer einschlägt, um Ikigai zu finden, die Erfahrung kann lohnend sein.

Es ist jedoch wichtig zu beachten, dass die Suche nach Ikigai kein schneller Prozess ist. Er erfordert Zeit, Selbstbeobachtung und Selbsterkenntnis. Es erfordert auch die Bereitschaft, Risiken einzugehen und neue Dinge auszuprobieren. Es ist ein fortlaufender

Prozess, der im Laufe des Lebens entwickelt werden kann.

Ein weiteres wichtiges Element, das aus diesen Berichten hervorgeht, ist, dass Ikigai nicht nur ein individuelles Konzept ist. Es kann auch dazu beitragen, andere zu unterstützen und zu inspirieren. Zum Beispiel kann eine Person, die ihr Ikigai in ihrer Arbeit als Krankenschwester gefunden hat, dazu beitragen, anderen in schwierigen Situationen zu helfen. Eine Person, die ihr Ikigai in der Freiwilligenarbeit gefunden hat, kann dazu beitragen, die Gesellschaft zu stärken und das Leben anderer zu verbessern.

Insgesamt zeigen die Erfahrungen von Sarah, Tom und Maria, dass die Suche nach Ikigai ein wichtiger Schritt auf dem Weg zu einem erfüllten Leben sein kann. Es geht darum, herauszufinden, was einem wichtig ist, was einen glücklich macht und worin man gut ist, und dann diese Elemente in Einklang zu bringen. Dies kann eine lohnende und transformative Erfahrung sein, die Ihnen helfen kann, sich lebendiger und erfüllter zu fühlen.

Für diejenigen, die ihr Ikigai noch nicht gefunden haben, ist es wichtig, sich die Zeit zu nehmen, sich selbst kennenzulernen und mit der Suche zu beginnen. Dazu gibt es viele Hilfsmittel, darunter Bücher, Workshops und Kurse. Es erfordert jedoch auch Mut, Risikobereitschaft und Engagement, um sein Ziel zu erreichen. Aber wenn Sie Ihren Lebenszweck gefunden haben, können Sie ein erfülltes und lohnendes Leben führen.

4. Wie man das Ikigai erkennt

I. Identifizierung von Leidenschaften und Stärken

Um Ikigai zu entdecken, müssen Sie zunächst Ihre Leidenschaften und Stärken erkennen. Dies ist ein entscheidender Schritt, um Ihre innere Erfüllung und Zufriedenheit im Leben zu finden.

Listen Sie zunächst Ihre Leidenschaften auf. Überlegen Sie, was Ihnen wirklich wichtig ist und was Sie gerne tun, auch wenn Sie dafür nicht bezahlt werden. Das kann das Hören und Spielen von Musik, Reisen, Lesen, Schreiben, Kochen, Fotografieren, Sport, Gartenarbeit, Haustiere oder Kunst sein. Es gibt keine falsche Antwort, solange es eine persönliche Bedeutung für Sie hat.

Als Nächstes müssen Sie sich auf Ihre Stärken besinnen. Überlegen Sie, was Sie gut können und was

Ihnen leicht fällt. Achten Sie nicht nur auf Ihre akademischen oder beruflichen Fähigkeiten, sondern auch auf Ihre zwischenmenschlichen und emotionalen Fähigkeiten, wie Einfühlungsvermögen, Geduld, Kreativität oder Flexibilität.

Es kann auch hilfreich sein, Freunde, Familie oder Kollegen nach ihrer Meinung zu fragen. Oft erkennen andere in uns Stärken, die wir vielleicht nicht als solche wahrnehmen.

Sobald Sie Ihre Leidenschaften und Stärken aufgelistet haben, suchen Sie nach Gemeinsamkeiten und Überschneidungen. Gibt es Themen oder Aktivitäten, die auf beiden Listen zu finden sind? Diese sind besonders wertvoll, weil sie darauf hindeuten, dass Sie Ihre Leidenschaften und Stärken kombinieren können, um etwas zu tun, das Ihnen wirklich am Herzen liegt.

Es ist nützlich, die folgenden Fragen zu stellen:

- Was macht mir Freude?
- Was gibt mir Energie?
- Was sind meine natürlichen Talente und Stärken?
- Was sind meine Werte und Überzeugungen?
- Was sind meine Ziele und Träume?

Diese Fragen können Ihnen helfen, Ihre Gedanken und Prioritäten zu klären und Ihnen ein klareres Bild davon zu vermitteln, was Ihnen wirklich wichtig ist.

Eine weitere Möglichkeit, Ihre Leidenschaften und Stärken zu erkennen, besteht darin, neue Dinge auszuprobieren. Besuchen Sie Kurse oder Workshops, die Sie interessieren, nehmen Sie an Veranstaltungen teil oder lernen Sie neue Leute kennen. Indem Sie neue Erfahrungen sammeln, können Sie neue Leidenschaften entdecken und gleichzeitig Ihre Stärken weiter ausbauen.

Sobald Sie Ihre Leidenschaften und Stärken erkannt haben, können Sie diese nutzen, um Ihr Ikigai zu finden. Es geht darum, herauszufinden, was Sie gerne tun, worin Sie gut sind, was die Welt braucht und wofür Sie bezahlt werden können.

Um Ihr Ikigai zu finden, müssen Sie sich selbst fragen:

- Was bedeutet Erfolg für mich?
- Was ist meine Vision für die Zukunft?
- Wie kann ich meine Stärken und Leidenschaften nutzen, um etwas zu bewirken?
- Welche Probleme oder Bedürfnisse in der Welt interessieren mich am meisten?
- Wie kann ich meine Leidenschaften und Stärken in einen Beruf oder eine Karriere umsetzen?

Wenn Sie sich auf diese Fragen konzentrieren, können Sie sich auf das konzentrieren, was Sie wirklich erfüllt und Ihnen einen tiefen Sinn und Zweck gibt. Sie sollten sich auch darüber im Klaren sein, dass Ihr

Ikigai nicht unbedingt in Ihrem derzeitigen Beruf oder Ihrer Karriere liegt. Es kann auch bedeuten, dass Sie neue Wege beschreiten müssen, um das zu tun, was Sie wirklich glücklich macht.

Ein weiterer wichtiger Aspekt bei der Identifizierung von Leidenschaften und Stärken ist die Selbstreflexion und Achtsamkeit. Nehmen Sie sich Zeit, über sich selbst nachzudenken, Ihre Gefühle und Gedanken zu erforschen und sich auf das zu konzentrieren, was wirklich wichtig ist. Auch Meditation und Yoga können hilfreiche Übungen sein, um inneren Frieden und Klarheit zu finden.

Kurz gesagt, die Entdeckung von Ikigai ist ein Prozess der Selbstreflexion und Entdeckung, bei dem Sie Ihre Leidenschaften und Stärken erkennen und herausfinden, wie Sie diese nutzen können, um ein erfülltes Leben zu führen. Indem Sie sich auf das konzentrieren, was wirklich wichtig ist und was Ihnen Freude bereitet, können Sie einen tiefen Sinn und Zweck in Ihrem Leben finden.

II. Erkundung von Berufung und Aufgabe

Die Entdeckung des Ikigai ist oft eng mit der Suche nach einer Berufung und einer Aufgabe verbunden. Es geht darum, zu entdecken, was man wirklich will und was man im Leben tun möchte, um ein erfülltes Leben zu führen.

Eine Berufung ist etwas, das Sie wirklich lieben und das Ihnen ein tiefes Gefühl der Erfüllung gibt. Es ist das, was Sie antreibt und motiviert, jeden Tag aufzustehen und Ihre Arbeit zu tun. Eine Aufgabe hingegen bezieht sich auf das, was Sie wirklich erreichen wollen, auf die Veränderungen, die Sie in der Welt sehen wollen, und auf die Werte, die Ihnen wichtig sind.

Um Ihre Berufung und Ihre Aufgabe zu finden, ist es wichtig, dass Sie sich selbst, Ihre Interessen und Werte kennen. Beginnen Sie damit, sich Fragen zu stellen wie: Was macht mich wirklich glücklich? Was fasziniert mich? Was würde ich gerne tun, wenn ich kein Geld hätte? Was sind meine Werte und Überzeugungen?

Es kann auch hilfreich sein, einen Blick auf Ihre bisherigen Erfahrungen und Leistungen zu werfen. Was haben Sie in der Vergangenheit getan, das Ihnen Freude bereitet hat und bei dem Sie das Gefühl hatten, dass Sie etwas bewirkt haben? Was sind die Umstände, unter denen Sie sich in Ihrem Element fühlen? Sie können auch Freunde, Familie oder Kollegen um Rat fragen, um besser zu verstehen, was Sie besonders gut können.

Wenn Sie Ihre Berufung und Ihre Aufgabe gefunden haben, können Sie sich auf die Suche nach einem

Beruf oder einer Tätigkeit machen, die Ihren Interessen und Werten entspricht und Ihnen einen Sinn gibt. Es ist wichtig, realistisch zu sein und darüber nachzudenken, wie Sie Ihre Leidenschaften und Stärken in einen Beruf oder eine Tätigkeit umsetzen können.

Eine Möglichkeit, Ihre Berufung und Ihre Aufgabe zu entdecken, besteht darin, sich ehrenamtlich zu engagieren oder an Gemeinschaftsprojekten teilzunehmen. Auf diese Weise können Sie Ihre Fähigkeiten und Interessen für einen guten Zweck einsetzen und gleichzeitig die Aktivitäten entdecken, die Ihnen besonders viel Spaß machen.

Es ist auch wichtig zu erkennen, dass sich Ihre Berufung und Ihre Aufgabe im Laufe Ihres Lebens ändern können. Daher sollten Sie immer offen für neue Erfahrungen und Möglichkeiten sein und bereit sein, Ihre Ziele und Träume anzupassen, wenn sich Ihre Prioritäten oder Umstände ändern.

Zusammenfassend lässt sich sagen, dass die Entdeckung von Ikigai eng mit der Suche nach einer Berufung und Aufgabe verbunden ist. Wenn Sie sich selbst, Ihre Interessen und Ihre Werte kennen, können Sie Ihre Berufung und Aufgabe entdecken und einen Beruf oder eine Tätigkeit finden, die Ihnen einen tiefen Sinn und Zweck gibt. Seien Sie offen für neue Erfahrungen und Möglichkeiten und passen Sie Ihre Ziele und Träume an veränderte Prioritäten oder Umstände an.

III. Überwindung von Hindernissen bei der Verfolgung von Ikigai

Die Entdeckung von Ikigai ist ein Weg zu einem erfüllten und glücklichen Leben. Der ursprünglich aus Japan stammende Begriff Ikigai bezieht sich auf das, was uns antreibt, wofür wir leidenschaftlich sind und wofür wir täglich einstehen. Es ist eine Kombination aus Leidenschaft, Berufung, Aufgabe und finanzieller

Stabilität. Ikigai zu erreichen, ist jedoch kein einfacher Prozess. Es braucht Zeit, Selbstreflexion und Entschlossenheit, um Hindernisse zu überwinden. In diesem Kapitel werden die Schritte und Hindernisse auf dem Weg zu Ikigai im Detail untersucht.

Selbsterfahrung

Der erste Schritt auf dem Weg zum Ikigai ist die Selbstreflexion. Es geht darum herauszufinden, wer Sie wirklich sind, was Sie lieben und was Sie im Leben erreichen wollen. Sie können dies durch Meditation, Tagebuchführung oder Gespräche mit Freunden und Familie tun. Wenn Sie sich selbst besser kennen, können Sie besser entscheiden, was Sie im Leben erreichen wollen.

Entdecken Sie die Leidenschaft

Nachdem Sie sich selbst besser kennengelernt haben, ist es wichtig, eine Leidenschaft zu finden. Eine Leidenschaft ist etwas, das Sie gerne tun und das Sie erfüllt. Das kann etwas sein, das Sie schon immer gerne getan haben, oder etwas, das Sie erst kürzlich entdeckt haben. Eine Leidenschaft zu finden, die Ihnen Freude und Erfüllung bringt, ist ein wichtiger Teil von Ikigai.

Eine Berufung finden

Der Beruf ist der nächste Schritt auf der Suche nach Ikigai. Es geht darum, etwas zu finden, das man gerne tut und das auch anderen nützt. Das kann ein Beruf oder eine ehrenamtliche Tätigkeit sein. Wenn Sie eine Berufung haben, können Sie etwas tun, das Sie erfüllt und gleichzeitig anderen hilft.

Definieren Sie die Aufgabe

Die Aufgabe ist ein wichtiger Teil von Ikigai. Es geht darum, etwas für die Welt zu tun. Es kann eine Aufgabe sein, die sich auf deine Familie, deine Gemeinschaft oder die Welt konzentriert. Es ist wichtig, eine

Aufgabe zu finden, die einen Sinn hat und einen Beitrag zur Welt leistet.

Erreichen von finanzieller Stabilität

Finanzielle Stabilität ist der letzte Schritt auf dem Weg zum Ikigai. Es geht darum, ein ausreichendes Einkommen zu erzielen, um seinen Lebensunterhalt zu bestreiten. Es ist wichtig, finanzielle Stabilität zu erreichen, damit man sich auf andere Aspekte des Ikigai konzentrieren kann, ohne sich um Geld zu sorgen.

IV. Hindernisse bei der Suche nach dem Ikigai

Die Suche nach Ikigai ist mit Hindernissen verbunden. Hier sind einige der häufigsten Hindernisse:

Die Angst

Angst ist ein häufiges Hindernis auf dem Weg zum Ikigai. Es ist normal, Angst zu haben, wenn man etwas Neues beginnt oder sich verändern will. Es ist wichtig, die Angst zu akzeptieren und trotzdem weiterzumachen. Eine Möglichkeit, die Angst zu überwinden, besteht darin, sich auf die Vorteile und Möglichkeiten des Ikigai zu konzentrieren.

Unklarheit

Mangelnde Klarheit kann auch ein Hindernis für das Streben nach Ikigai sein. Es kann schwierig sein, herauszufinden, was einem wirklich wichtig ist und was man im Leben erreichen möchte. Eine Möglichkeit, dies zu tun, ist, sich Zeit zum Nachdenken und Meditieren zu nehmen. Es kann auch hilfreich sein, Gespräche mit Freunden oder einem Coach zu führen, die Ihnen helfen, Ihre Gedanken zu sortieren.

Negative Optionen

Negative Einstellungen können ebenfalls ein Hindernis für die Suche nach Ikigai sein. Wenn man eine negative Sicht auf sich selbst oder das Leben hat, kann es schwierig sein, eine Leidenschaft oder Berufung zu finden. Es ist wichtig, eine positive Haltung einzunehmen und sich auf die positiven Aspekte des Lebens zu konzentrieren. Eine Möglichkeit, negative Einstellungen zu überwinden, besteht darin, jeden Tag Gründe zu finden, dankbar zu sein und sich auf die guten Dinge im Leben zu konzentrieren.

Mangelnde Motivation

Mangelnde Motivation kann ebenfalls ein Hindernis für das Streben nach Ikigai sein. Wenn man sich nicht motiviert fühlt, kann es schwierig sein, die notwendigen Schritte zu unternehmen, um Ikigai zu erreichen. Eine Möglichkeit, Motivation zu finden, besteht darin, sich Ziele zu setzen und diese in kleine Schritte zu unterteilen. Kleine Schritte können die Motivation steigern und helfen, Ikigai zu erreichen.

Barrieren im Freien

Auch äußere Hindernisse wie finanzielle Schwierigkeiten oder familiäre Verpflichtungen können das Streben nach Ikigai behindern. Es ist wichtig, diese Hindernisse zu erkennen und Wege zu finden, sie zu überwinden. Dazu kann es gehören, sich um zusätzliche finanzielle Unterstützung zu bemühen oder die eigene Zeit und die eigenen Ressourcen besser zu organisieren, um Ikigai zu erreichen.

Letztendlich ist die Suche nach Ikigai ein Prozess, der Zeit und Mühe erfordert. Nur durch Selbstreflexion, das Entdecken der eigenen Leidenschaft und Berufung, die Definition einer Aufgabe und das Erreichen finanzieller Stabilität kann man Ikigai erreichen. Dabei gilt es, Hindernisse wie Angst, mangelnde Klarheit, negative Einstellungen, fehlende Motivation und externe Hindernisse zu überwinden. Wenn man diesem Prozess folgt, kann man ein erfülltes und glückliches Leben mit Sinn und Zweck führen.

V. Konkrete Tipps zur Erkennung von Ikigai

Ikigai ist ein japanisches Konzept, das sich auf den Sinn des Lebens, die Leidenschaft, die Berufung und die finanzielle Stabilität bezieht. Es ist ein Konzept, das uns hilft, ein erfülltes und glückliches Leben zu führen, indem es uns dazu bringt, uns auf das zu konzentrieren, was uns am meisten am Herzen liegt und was uns wirklich motiviert. In diesem Kapitel geben wir Ihnen konkrete Tipps für die Entdeckung von Ikigai.

Denken Sie über Ihre Leidenschaften nach

Ein wichtiger Schritt bei der Entdeckung von Ikigai besteht darin, über die eigenen Leidenschaften nachzudenken. Überlegen Sie, was Sie gerne tun und was Sie wirklich glücklich macht. Schreiben Sie diese Dinge auf und denken Sie sorgfältig darüber nach. Wenn Sie sich nicht sicher sind, können Sie auch eine Liste mit Dingen erstellen, die Sie nicht gerne tun oder die Sie nicht glücklich machen. Auf diese Weise können Sie vielleicht einige Aktivitäten ermitteln, die Sie aus Ihrem Leben streichen oder auf ein Minimum reduzieren sollten, damit Sie mehr Zeit für die Dinge aufwenden können, die Ihnen wirklich wichtig sind.

Ermitteln Sie Ihre Stärken

Ein weiterer wichtiger Schritt bei der Entdeckung des Ikigai ist die Ermittlung Ihrer Stärken. Überlegen Sie, was Sie gut können und was andere an Ihnen mögen. Wenn Sie sich selbst nicht sicher sind, können Sie auch Freunde oder Kollegen bitten, Ihnen ein Feedback zu geben. Dies wird Ihnen helfen, Ihre Fähigkeiten und Stärken herauszufinden und zu erkennen, wie Sie diese nutzen können, um Ihren Leidenschaften nachzugehen.

Definieren Sie Ihre Aufgabe

Ein wichtiger Schritt bei der Entdeckung des Ikigai besteht auch darin, eine Aufgabe zu definieren. Was wollen Sie in Ihrem Leben erreichen? Was wollen Sie der Welt geben? Was ist Ihr Beitrag zur Gesellschaft? Diese Fragen können Ihnen helfen, Ihre Aufgabe zu definieren. Es ist wichtig, dass Ihre Aufgabe mit Ihren Leidenschaften und Stärken übereinstimmt, um Ikigai zu erreichen.

Erkunden Sie verschiedene Berufe und Möglichkeiten

Eine Möglichkeit, Ikigai zu entdecken, besteht darin, verschiedene Berufe und Möglichkeiten zu erkunden. Wenn Sie sich nicht sicher sind, welcher Beruf oder welche Branche die richtige für Sie ist, sollten Sie sich umsehen und verschiedene Möglichkeiten ausprobieren. Sie können zum Beispiel ein Praktikum machen oder ehrenamtlich arbeiten. So können Sie herausfinden, welche Tätigkeit Sie am meisten anspricht und Ihren Neigungen und Stärken entspricht.

Entwicklung eines Aktionsplans

Sobald Sie das Ikigai bestimmt haben, ist es wichtig, einen Aktionsplan zu entwickeln, um es zu erreichen. Sie müssen sich klare Ziele setzen und diese in kleine Schritte unterteilen. Sorgen Sie dafür, dass Sie jeden Tag etwas tun, um Ihre Ziele zu erreichen, und nehmen Sie sich selbst in die Pflicht. Ein Aktionsplan kann Ihnen helfen, Ikigai zu erreichen und Ihr Leben in die gewünschte Richtung zu lenken.

Achtsamkeit und Selbstreflexion üben

Achtsamkeit und Selbstreflexion sind ebenfalls wichtige Elemente bei der Entdeckung von Ikigai. Sie sollten sich regelmäßig Zeit nehmen, um über Ihre Ziele, Ihre Leidenschaften und Ihre Aufgabe nachzudenken. Sie können auch Meditation oder Yoga praktizieren, um Ihren Geist zu klären und Ihre Energie zu steigern.

Umgeben Sie sich mit inspirierenden Menschen

Es ist auch wichtig, dass Sie sich mit inspirierenden Menschen umgeben, die Ihre Ziele und Leidenschaften teilen. Sie können von ihnen lernen und sich von ihnen inspirieren lassen. Sie können auch von ihnen lernen und sich von ihrer Einstellung und ihrem Erfolg motivieren lassen.

Seien Sie geduldig und konsequent

Ikigai zu erreichen, erfordert Geduld und Beständigkeit. Es ist ein Prozess, der Zeit und Energie erfordert. Sie müssen sich selbst in Bewegung setzen und einen Schritt nach dem anderen tun. Seien Sie geduldig mit sich selbst und halten Sie an Ihren Zielen fest. Geben Sie nicht auf, wenn Sie auf Hindernisse stoßen, sondern sehen Sie sie als Herausforderung und Gelegenheit, zu wachsen und sich zu verbessern.

Seien Sie offen für Veränderungen

Ikigai ist kein statisches Konzept, sondern kann sich im Laufe der Zeit weiterentwickeln. Deshalb müssen

Sie offen für Veränderungen sein und bereit, sich anzupassen, wenn sich Ihre Ziele oder Leidenschaften ändern. Sie müssen auch bereit sein, Risiken einzugehen und neue Dinge auszuprobieren, um Ihre Träume zu verwirklichen.

Die Entdeckung des Ikigai ist ein wichtiger Schritt auf dem Weg zu einem erfüllten und glücklichen Leben. Indem Sie über Ihre Leidenschaften nachdenken, Ihre Stärken identifizieren, Ihre Aufgabe definieren, verschiedene Karrieren und Möglichkeiten erkunden, einen Aktionsplan erstellen, Achtsamkeit und Selbstreflexion praktizieren, sich mit inspirierenden Menschen umgeben, geduldig und konsequent sind und offen für Veränderungen sind, können Sie Ikigai entdecken und Ihr Leben in die von Ihnen gewünschte Richtung lenken.

5. Wie Ikigai das Leben bereichert

I. Die positiven Auswirkungen von Ikigai auf das geistige und körperliche Wohlbefinden

Ikigai ist ein japanisches Konzept, das zunehmend auch im Westen anerkannt wird und sich auf den Sinn und Zweck des Lebens bezieht. Es ist eine Kombination aus den Wörtern „iki“ (Leben) und „gai“ (Wert oder Bedeutung), die zusammen die Idee des „Sinns des Lebens“ oder des „Grundes des Lebens“ ausdrücken. Es ist ein Konzept, das Menschen helfen kann, ihre Ziele und Träume zu verwirklichen, ihre Leidenschaften zu entdecken und sich auf das zu konzentrieren, was ihnen wirklich wichtig ist.

In diesem Kapitel möchten wir uns auf die positiven Auswirkungen von Ikigai auf das geistige und körperliche Wohlbefinden konzentrieren. Es ist wichtig zu betonen, dass Ikigai nicht nur eine geistige Einstellung ist, sondern auch positive Auswirkungen auf die körperliche und emotionale Ebene haben kann. Es kann helfen, Stress abzubauen, Selbstvertrauen aufzubauen, die Motivation zu steigern und ein allgemeines Wohlbefinden zu fördern.

Positive Auswirkungen auf das psychische Wohlbefinden:

Stressabbau

Stress ist ein häufiges Problem in der heutigen Gesellschaft. Ikigai kann helfen, Stress abzubauen, indem es eine positive Lebenseinstellung fördert. Wenn wir uns auf das konzentrieren, was uns am wichtigsten ist, und auf unsere Ziele und Träume, können wir uns auf das Positive konzentrieren und weniger auf negative Ereignisse oder Situationen. So können wir Stress abbauen und uns auf das konzentrieren, was wirklich wichtig ist.

Selbstvertrauen aufbauen

Ikigai kann auch dazu beitragen, das Selbstvertrauen zu stärken. Wenn wir uns auf unsere Stärken und Talente und auf das, was wir am besten können, konzentrieren, können wir ein besseres Verständnis dafür entwickeln, wer wir sind und was uns auszeichnet. Infolgedessen fühlen wir uns selbstbewusster und können unsere Ziele mit mehr Sicherheit und Überzeugung verfolgen.

Motivation steigern

Wenn wir eine klare Vorstellung davon haben, was uns wichtig ist und was wir in unserem Leben erreichen wollen, können wir uns besser motivieren und auf unsere Ziele konzentrieren. Wir können unsere Zeit und Energie in die Dinge investieren, die uns am wichtigsten sind, und uns auf das konzentrieren, was wir erreichen wollen. Das kann uns helfen, unsere Motivation zu steigern und uns auf den Weg zu bringen, unsere Ziele zu erreichen.

Förderung des allgemeinen Wohlbefindens

Ikigai kann zu einem allgemeinen Wohlbefinden beitragen, indem es uns hilft, uns auf die Dinge zu konzentrieren, die uns am wichtigsten sind. Indem wir uns auf unsere Leidenschaften und Talente konzentrieren und auf das, was wirklich wichtig ist, können wir ein tieferes Gefühl der Erfüllung und des Wohlbefindens erfahren.

Positive Auswirkungen auf das körperliche Wohlbefinden:

Zusätzlich zu seinen positiven Auswirkungen auf das geistige Wohlbefinden kann Ikigai auch das körperliche Wohlbefinden fördern. Hier sind einige von ihnen:

Steigerung der körperlichen Aktivität

Die Konzentration auf unsere Leidenschaften und Ziele kann uns auch dazu motivieren, körperlich aktiver zu sein. Wenn wir zum Beispiel eine Leidenschaft für Yoga haben, können wir uns selbst motivieren, regelmäßig Yogakurse zu besuchen oder unsere eigene Yoga-Praxis zu Hause zu entwickeln. Durch körperliche Aktivität können wir unser körperliches Wohlbefinden fördern und uns gesünder und fitter fühlen.

Besserer Schlaf

Wenn wir uns auf das konzentrieren, was uns am wichtigsten ist, können wir auch besser entspannen und besser schlafen. Wir können Stress und Unruhe loswerden und unser Gehirn entspannen, was uns hilft, schneller einzuschlafen und tiefer zu schlafen. Ein guter Schlaf hilft uns, uns ausgeruht und energiegeladen für den nächsten Tag zu fühlen.

Verbesserung der Ernährung

Wenn wir uns um unsere Gesundheit kümmern, können wir auch unsere Ernährung verbessern. Wir können uns auf eine ausgewogene Ernährung konzentrieren, die uns die Nährstoffe liefert, die unser Körper braucht, um gesund zu bleiben. Wenn wir uns besser ernähren, können wir unser körperliches Wohlbefinden fördern und uns gesünder und leistungsfähiger fühlen.

Abbau von schlechten Gewohnheiten

Indem wir uns auf das konzentrieren, was uns am wichtigsten ist, können wir auch schlechte Gewohnheiten, die unser körperliches Wohlbefinden beeinträchtigen können, reduzieren oder abschaffen. Zum Beispiel können wir uns bemühen, weniger Alkohol zu trinken oder weniger zu rauchen, um unsere Gesundheit zu verbessern.

Ikigai ist ein Konzept, das uns helfen kann, ein erfüllteres und zufriedeneres Leben zu führen. Es kann uns helfen, unsere Ziele und Träume zu verwirklichen, unsere Leidenschaften und Talente zu entdecken und uns auf das zu konzentrieren, was uns am wichtigsten ist. Zusätzlich zu den geistigen Vorteilen kann Ikigai auch das körperliche Wohlbefinden fördern, indem es uns ermutigt, körperlich aktiver zu sein, besser zu schlafen, unsere Ernährung zu verbessern und schlechte Gewohnheiten abzubauen. Wenn wir uns auf unser Ikigai konzentrieren, können wir ein erfüllteres und gesünderes Leben führen.

Höhere Produktivität und Motivation

Ikigai kann uns nicht nur zu einem erfüllteren und glücklicheren Leben verhelfen, sondern auch unsere Produktivität und Motivation steigern. In diesem Kapitel werden wir einen genaueren Blick darauf werfen, wie Ikigai uns helfen kann, unsere Ziele zu erreichen und uns zu mehr Produktivität zu motivieren.

Fokus und Klarheit

Eines der wichtigsten Prinzipien von Ikigai ist es, sich auf das zu konzentrieren, was wir am meisten lieben.

Wenn wir uns auf unsere Leidenschaften und Talente konzentrieren, können wir unseren Fokus und unsere Klarheit verbessern. Wir haben eine klare Vorstellung davon, was wir erreichen wollen und was für uns am wichtigsten ist. Dies kann uns helfen, Ablenkungen zu reduzieren und uns auf das zu konzentrieren, was wirklich wichtig ist.

Motivation und Inspiration

Wenn wir uns auf das konzentrieren, was uns am wichtigsten ist, sind wir auch motivierter und inspirierter, unsere Ziele zu erreichen. Wir haben ein Ziel vor Augen und sind bereit, uns dafür anzustrengen. Wir sind bereit, uns anzustrengen und durchzuhalten, auch wenn es schwierig wird. Dies kann uns helfen, unsere Produktivität zu steigern und uns in schwierigen Zeiten zu motivieren.

Kreativität und Innovation

Ikigai kann auch dazu beitragen, unsere Kreativität und unseren Sinn für Innovation zu fördern. Wenn wir uns auf unsere Leidenschaften und Talente konzentrieren, können wir unsere Kreativität und Fantasie nutzen, um neue Ideen und Lösungen zu entwickeln. Wir können uns auf innovative Wege konzentrieren, um unsere Ziele zu erreichen und unsere Probleme zu lösen. Wenn wir unsere Kreativität nutzen, können wir auch unsere Produktivität steigern, indem wir effizienter arbeiten und unsere Zeit und Ressourcen besser nutzen.

Herausforderungen und Wachstum

Ikigai kann uns auch ermutigen, uns selbst herauszufordern und zu verbessern. Wenn wir uns auf das konzentrieren, was uns am wichtigsten ist, sind wir bereit, neue Herausforderungen anzunehmen und zu wachsen. Wir sind bereit, aus unseren Fehlern zu lernen und uns zu verbessern, um unsere Ziele zu erreichen. Mit dieser Einstellung können wir unsere Produktivität steigern und uns ständig weiterentwickeln.

Bedeutung und Zufriedenheit

Schließlich kann Ikigai uns helfen, uns zufrieden und erfüllt zu fühlen, wenn wir unsere Ziele erreichen. Wenn wir uns auf das konzentrieren, was für uns am wichtigsten ist, können wir ein sinnvolles und erfülltes Leben führen. Wir haben das Gefühl, einen Beitrag zu leisten und etwas zu erreichen, das uns wichtig ist. Das kann uns helfen, zufriedener zu sein und uns motivieren, produktiver zu sein und unsere Ziele zu erreichen.

II. Stärkung der Beziehungen durch gemeinsame Werte und Ziele

Eine der Grundlagen für ein erfülltes Leben auf der Grundlage von Ikigai ist es, positive Beziehungen zu schaffen und zu pflegen. Dazu können Familienmitglieder, Freunde, Arbeitskollegen und Gemeinschaften gehören. Ein wichtiger Weg zur Stärkung von Beziehungen ist es, gemeinsame Werte und Ziele zu teilen.

Die Ermittlung gemeinsamer Werte ist ein wichtiger erster Schritt. Zu diesen Werten können Dinge wie Ehrlichkeit, Loyalität, Respekt und Einfühlungsvermögen gehören. Es ist wichtig zu erkennen, dass jeder Mensch aufgrund seiner Lebenserfahrung, Kultur und Persönlichkeit unterschiedliche Werte hat. Durch die Identifizierung gemeinsamer Werte können Sie die Beziehung stärken, indem Sie ein gemeinsames Verständnis und eine gemeinsame Basis haben, auf der Sie arbeiten können.

Ein weiterer wichtiger Aspekt ist die Festlegung gemeinsamer Ziele. Ziele können auf unterschiedliche Weise festgelegt werden. Eine Möglichkeit besteht darin, gemeinsame Interessen wie Sport, Kunst oder Reisen zu teilen. Eine andere Möglichkeit ist, sich auf gemeinsame Ziele und Projekte für die Zukunft zu konzentrieren. Es ist wichtig, dass diese Ziele realistisch und erreichbar sind, damit die Beziehung durch die gemeinsame Arbeit an ihnen gestärkt wird.

Wenn Menschen gemeinsame Werte und Ziele haben, können sie zusammenarbeiten, um Hindernisse und Herausforderungen zu überwinden. Durch diese Zusammenarbeit können die Beziehungen gestärkt werden, weil sie ein gemeinsames Ziel haben, das sie eint und motiviert.

Es gibt viele Möglichkeiten, gemeinsame Werte und Ziele zu teilen und Beziehungen zu stärken. Hier sind einige Beispiele:

Gemeinsame Interessen und Hobbys

Eine der einfachsten Möglichkeiten, gemeinsame Werte und Ziele zu teilen, ist, Interessen und Hobbys mit anderen zu teilen. Wenn Sie zum Beispiel gerne wandern, sollten Sie eine Gruppe von Freunden oder Familienmitgliedern zu einer gemeinsamen Wanderung einladen. Indem Sie gemeinsame Interessen teilen, können Sie Ihre Beziehung stärken, indem Sie Zeit miteinander verbringen und Erinnerungen schaffen.

Ehrenamtliche Arbeit

Freiwilligenarbeit ist eine weitere Möglichkeit, gemeinsame Werte und Ziele zu teilen. Wenn Sie mit anderen zusammenarbeiten, um eine gemeinsame Sache zu unterstützen, können Sie Ihre Beziehungen stärken und ein Gefühl der Zugehörigkeit schaffen. Sie können zum Beispiel in einem Tierheim arbeiten, an einer Wohltätigkeitsveranstaltung teilnehmen oder sich an einer politischen Kampagne beteiligen.

Gemeinsame Projekte

Gemeinsame Projekte sind eine weitere Möglichkeit, gemeinsame Werte und Ziele zu verfolgen. Sie können zum Beispiel gemeinsam an einem Kunstprojekt arbeiten, ein Unternehmen gründen oder ein Haus renovieren. Indem Sie an einem gemeinsamen Projekt arbeiten, können Sie Ihre Beziehung stärken, indem Sie Vertrauen und Zusammenhalt aufbauen.

Diskussionen und Debatten sind auch eine Möglichkeit, gemeinsame Werte und Ziele zu teilen. Durch die Diskussion von Themen, die für Sie wichtig sind, können Sie die Ansichten und Überzeugungen anderer besser verstehen. Dies kann helfen, Beziehungen zu stärken, indem man eine tiefere Verbindung zu anderen aufbaut.

Gemeinsame Bildungserfahrungen

Bildungserfahrungen können auch zu gemeinsamen Werten und Zielen beitragen. Wenn Sie beispielsweise einen Kurs oder ein Seminar besuchen, können Sie Ihr Wissen und Ihre Fähigkeiten erweitern und sich mit anderen Teilnehmern austauschen. Indem Sie Ihre Ideen und Gedanken mit anderen teilen, können Sie eine tiefere Verbindung zu anderen aufbauen und Ihre Beziehungen stärken.

Es ist wichtig zu beachten, dass es bei der Stärkung von Beziehungen durch gemeinsame Werte und Ziele nicht nur um die Erreichung von Zielen geht, sondern auch um den Prozess der Zusammenarbeit. Der Prozess kann genauso wichtig sein wie das Ergebnis. Durch die Zusammenarbeit und die Bewältigung von Herausforderungen können Sie ein tieferes gegenseitiges Verständnis und ein stärkeres Zugehörigkeitsgefühl entwickeln.

Es ist auch wichtig zu bedenken, dass gemeinsame Werte und Ziele nicht immer statisch sein müssen. Sie können sich im Laufe der Zeit ändern, wenn

Menschen wachsen und sich entwickeln. Es ist wichtig, offen für Veränderungen zu sein und sie anzunehmen, da sie dazu beitragen können, Beziehungen zu stärken und zu verbessern.

Zusammenfassend lässt sich sagen, dass die Identifizierung gemeinsamer Werte und Ziele ein wichtiger Schritt zur Stärkung von Beziehungen ist. Es gibt viele Möglichkeiten, gemeinsame Werte und Ziele zu teilen, z. B. gemeinsame Interessen und Hobbys, Freiwilligenarbeit, gemeinsame Projekte, Diskussionen und Debatten sowie gemeinsame Bildungserfahrungen. Indem Sie gemeinsam an der Überwindung von Hindernissen und Herausforderungen arbeiten, können Sie ein stärkeres Gefühl der Zusammengehörigkeit und ein besseres Verständnis füreinander entwickeln.

III. Erfüllung und Zufriedenheit im Leben

Erfüllung und Zufriedenheit im Leben sind wesentliche Bestandteile des Ikigai-Konzepts. Einer der Schlüsselaspekte von Ikigai ist das Streben nach einem erfüllten Leben, in dem Sie Ihre Leidenschaften und Talente nutzen, um etwas zu bewirken. In diesem Kapitel werden wir uns ansehen, wie Sie Erfüllung und Zufriedenheit im Leben finden können, indem Sie Ihr Ikigai entdecken und leben.

Was ist Erfüllung und Zufriedenheit?

Erfüllung und Zufriedenheit sind subjektive Begriffe, die für jeden Menschen etwas anderes bedeuten. Für die einen kann Erfüllung bedeuten, eine Familie zu gründen und Kinder großzuziehen, während sie für andere bedeutet, berufliche Ziele zu erreichen oder einen Beitrag zu ihrem Beruf zu leisten. Erfüllung kann bedeuten, mit dem erreichten Lebensstandard und der aktuellen Situation zufrieden zu sein, aber auch mit der Arbeit, die man verrichtet, oder den Beziehungen, die man unterhält.

Wie finden Sie Erfüllung und Zufriedenheit im Leben?

Es gibt viele Wege, um Erfüllung und Zufriedenheit im Leben zu finden. Ein wichtiger Schritt besteht darin, die eigenen Werte und Überzeugungen zu erkennen und in Übereinstimmung mit ihnen zu leben. Indem Sie Ihre Leidenschaften und Talente nutzen, um in einem Bereich, der Ihnen am Herzen liegt, etwas zu bewirken, können Sie ein Gefühl der Zufriedenheit und Erfüllung im Leben finden.

Ein weiterer wichtiger Schritt besteht darin, sich auf die Gegenwart zu konzentrieren und das Leben in vollen Zügen zu genießen. Wenn Sie sich auf die Dinge konzentrieren, die Sie jetzt tun können, und nicht auf die Fehler der Vergangenheit oder die Ängste vor der Zukunft, können Sie sich auf die

Gegenwart konzentrieren und Erfüllung und Zufriedenheit im Leben finden.

Es ist auch wichtig, eine positive Einstellung und Dankbarkeit zu kultivieren. Wenn Sie sich auf die positiven Aspekte Ihres Lebens konzentrieren und dankbar für das sind, was Sie haben, können Sie ein Gefühl der Erfüllung und des Glücks im Leben finden.

Wie trägt Ikigai zur Suche nach Erfüllung und Zufriedenheit bei?

Ikigai ist ein Konzept, das Ihnen helfen kann, Ihre Leidenschaften und Talente zu entdecken und sie mit Ihren Überzeugungen und Werten in Einklang zu bringen. Wenn Sie Ihr Ikigai finden und leben, können Sie ein erfülltes Leben führen, in dem Sie etwas bewirken und ein sinnvolles Leben führen.

Wenn Sie Ihr Ikigai leben, können Sie Sinn und Zweck in Ihrem Leben finden. Wenn du tust, was du liebst, und dabei anderen hilfst, kannst du ein Gefühl der Erfüllung und Zufriedenheit im Leben finden.

Wie findet man Ikigai?

Es gibt viele Möglichkeiten, sein Ikigai zu finden. Ein guter erster Schritt ist, sich die Zeit zu nehmen, über sich selbst nachzudenken und seine Werte, Überzeugungen und Leidenschaften zu erkennen.

Sie können auch in sich hineinhören und darüber nachdenken, welche Aktivitäten oder Projekte Sie glücklich machen und wann Sie sich lebendig und erfüllt fühlen. Es kann auch hilfreich sein, Freunde und Familie um ihre Meinung zu bitten und Talente und Stärken zu entdecken, die Sie vielleicht selbst noch nicht bemerkt haben.

Eine weitere Möglichkeit, Ihr Ikigai zu finden, besteht darin, neue Dinge auszuprobieren und zu experimentieren. Probieren Sie verschiedene Hobbys oder Aktivitäten aus, um zu sehen, was Sie am meisten anzieht und inspiriert.

Es ist auch wichtig, sich nicht unter Druck zu setzen und geduldig zu sein. Ihr Ikigai zu finden, kann Zeit brauchen, aber es ist die Mühe wert, Ihre Leidenschaften und Talente zu entdecken.

Wie können Sie Ihr Ikigai im Alltag leben?

Sobald Sie Ihr Ikigai gefunden haben, können Sie Schritte unternehmen, um es in Ihr tägliches Leben zu integrieren. Das kann bedeuten, dass Sie Ihren Beruf wechseln, um etwas zu tun, das Sie wirklich lieben und das mit Ihren Werten und Überzeugungen übereinstimmt. Es kann auch bedeuten, dass Sie Ihre Freizeitaktivitäten anpassen, um mehr Zeit mit Ihren Leidenschaften und Talenten zu verbringen.

Es ist auch wichtig, daran zu denken, dass Ikigai ein lebenslanger Prozess ist, der sich im Laufe der Zeit weiterentwickeln kann. Daher ist es wichtig, immer wieder zu reflektieren und sicherzustellen, dass Sie im Einklang mit Ihren Werten und Überzeugungen leben.

Wie kann Ikigai zu einer glücklichen und zufriedenen Gesellschaft beitragen?

Wenn Menschen ihr Ikigai finden und leben, können sie ein erfülltes und befriedigendes Leben führen. Dies kann zu einer positiven und erfüllten Gesellschaft beitragen, in der Menschen ihre Talente und Leidenschaften nutzen, um anderen zu helfen und eine sinnvolle Verbindung zu schaffen.

Wenn eine Gemeinschaft aus Menschen besteht, die ihr Ikigai finden und leben, können sie auch ein Gefühl der Gemeinschaft und Zugehörigkeit schaffen. Menschen, die in Übereinstimmung mit ihren Werten und Überzeugungen leben, können auch eine positive Einstellung und Dankbarkeit kultivieren, die andere beeinflusst und eine positive Energie und Atmosphäre schafft.

6. Praktische Übungen zur Entdeckung des Ikigai

I. Reflexion und Selbsterkenntnis

Selbstreflexion und Selbsterkenntnis sind wichtige Elemente, um Ihr Ikigai zu entdecken. Durch Selbstreflexion können Sie Ihre Gedanken und Gefühle besser verstehen und herausfinden, was für Sie wirklich wichtig ist. Die Selbsterkenntnis ermöglicht es Ihnen, sich Ihrer Stärken und Schwächen bewusst zu werden und sich auf Ihre Talente und Leidenschaften zu konzentrieren. In diesem Kapitel stellen wir Ihnen praktische Übungen zur Selbstreflexion und Selbstwahrnehmung vor, die Ihnen helfen können, Ihr Ikigai zu entdecken.

Ein Tagebuch schreiben

Eine einfache Möglichkeit, über Ihre Gedanken und Gefühle nachzudenken, ist das Führen eines Tagebuchs. Schreiben Sie jeden Tag oder jede Woche auf, was Sie denken und fühlen. Versuchen Sie, Ihre

Gedanken und Gefühle zu analysieren und herauszufinden, was Sie wirklich wollen und was für Sie wichtig ist. Schreiben Sie auch auf, was Sie glücklich macht und was Sie unglücklich macht. Diese Übung kann Ihnen helfen, Ihre Werte und Überzeugungen zu erkennen und Ihre Ziele und Wünsche zu klären.

Selbstvertrauen durch Feedback

Auch das Feedback anderer kann Ihnen helfen, Selbstvertrauen aufzubauen und Ihre Stärken und Schwächen zu erkennen. Bitten Sie Ihre Freunde, Familie oder Kollegen um Feedback zu Ihrer Arbeit oder Ihren Fähigkeiten. Fragen Sie sie, was sie an Ihnen mögen und was Sie ihrer Meinung nach besser machen könnten. Nutzen Sie das Feedback, um Ihre Fähigkeiten und Talente zu verbessern und einzusetzen.

Die 5 Fragen nach dem Warum

Die 5 „Warum"-Fragen sind eine Methode der Ursachenanalyse, die Ihnen helfen kann, die Gründe für Ihre Überzeugungen und Handlungen zu verstehen. Stellen Sie sich eine Situation vor, die Sie erlebt haben, und fragen Sie sich fünfmal, warum sie passiert ist. Zum Beispiel: „Ich habe meinen Job verloren. Und warum? „Weil das Unternehmen finanzielle Probleme hatte. Warum?" „Weil sie nicht genug Kunden hatten." Und warum? „Weil sie keine guten Marketingstrategien hatten." Und warum? „Weil sie keine Marketingexperten hatten." Und warum? „Weil sie nicht genug investiert haben." Diese Übung kann Ihnen helfen, die tieferen Gründe hinter Ihren Entscheidungen und Überzeugungen zu verstehen und Ihre Werte und Ziele zu klären.

Visualisierung

Visualisierung ist eine mächtige Technik, mit der Sie Ihre Ziele und Träume manifestieren und Ihr

Unterbewusstsein auf den Erfolg vorbereiten können. Schließen Sie die Augen und stellen Sie sich vor, dass Sie Ihr Ikigai gefunden haben. Was tun Sie gerade? Wie fühlen Sie sich? Wo befinden Sie sich? Stellen Sie sich ein glückliches, erfülltes Leben vor, und stellen Sie sich vor, wie Sie Ihre Leidenschaften und Talente einsetzen, um anderen zu helfen und eine positive Verbindung herzustellen. Diese Übung kann Ihnen helfen, Ihre Vision zu klären und sich auf Ihre Ziele und Träume zu konzentrieren.

Flow-Modus

Der Flow-Zustand tritt ein, wenn Sie sich mit einer Tätigkeit beschäftigen, die Ihre Fähigkeiten und Talente auf die Probe stellt, aber auch eine angemessene Herausforderung darstellt. In diesem Zustand sind Sie so in die Tätigkeit vertieft, dass Sie alles um sich herum vergessen und sich voll und ganz auf das konzentrieren, was Sie gerade tun. Der Zustand des Fließens kann ein Zeichen dafür sein, dass Sie auf dem richtigen Weg sind und dass die Tätigkeit, die Sie tun, Teil Ihres Ikigai ist.

Um in den Flow-Zustand zu gelangen, konzentrieren Sie sich auf eine Tätigkeit, die Sie herausfordert, Ihnen aber auch eine angemessene Herausforderung bietet. Das kann eine kreative Tätigkeit sein, wie Malen oder Schreiben, aber auch eine körperliche Aktivität, wie Tanzen oder Sport treiben. Wählen Sie eine Tätigkeit, die Ihnen Spaß macht und die Sie herausfordert. Konzentrieren Sie sich voll und ganz auf die Tätigkeit und machen Sie sich keine Gedanken über andere Dinge.

II. Die 3 Kategorien von Leidenschaften

Es gibt drei Kategorien von Leidenschaften, die dir helfen können, dein Ikigai zu finden:

a. Was Sie gerne tun

Machen Sie eine Liste von Dingen, die Sie gerne tun, wie Malen, Schreiben, Lesen, Kochen oder Reisen. Schreiben Sie auch auf, warum Sie diese Dinge gerne tun. Vielleicht reist du gerne, weil du neue Kulturen und Menschen kennenlernst, oder weil du gerne Abenteuer erlebst.

b. Was Sie tun können

Machen Sie eine Liste von Dingen, die Sie gut können, wie z. B. zeichnen, schreiben, präsentieren oder organisieren. Überlege, wie du diese Fähigkeiten nutzen kannst, um anderen zu helfen oder die Welt positiv zu verändern.

c. Wofür Sie bezahlt werden möchten

Machen Sie eine Liste von Dingen, für die Sie gerne bezahlt werden würden, z. B. als Schriftsteller, Künstler oder Berater. Überlegen Sie, wie Sie diese

Fähigkeiten einsetzen können, um anderen zu helfen oder die Welt positiv zu verändern.

Schlussfolgerung

Die oben genannten Übungen zur Selbstreflexion und Selbsterkenntnis können Ihnen helfen, Ihr Ikigai zu finden. Indem Sie über Ihre Gedanken und Gefühle nachdenken, andere um Rat fragen, Ihre Überzeugungen und Handlungen analysieren, Ihre Ziele und Träume visualisieren, den Zustand des Fließens erleben und Ihre Leidenschaften und Talente erkennen, können Sie Ihre Werte und Ziele klären und Ihren Lebenszweck finden. Nehmen Sie sich die Zeit für diese Übungen und seien Sie geduldig mit sich selbst. Ihr Ikigai zu entdecken ist ein Prozess, der Zeit und Engagement erfordert, aber es lohnt sich, denn er kann Ihnen helfen, ein erfülltes und glückliches Leben zu führen.

III. Identifizierung von Stärken und Interessen

Eines der wichtigsten Konzepte von Ikigai ist das Erkennen Ihrer Stärken und Interessen. Wenn Sie Ihre Stärken und Interessen kennen, können Sie Spaß haben und ein erfülltes Leben führen. In diesem Kapitel werden wir uns ansehen, wie Sie Ihre Stärken und Interessen erkennen können, und Ihnen praktische Beispiele geben, die Ihnen dabei helfen.

Reflexion über frühere Erfahrungen

Um Ihre Stärken und Interessen zu ermitteln, ist es hilfreich, über Ihre bisherigen Erfahrungen nachzudenken. Überlegen Sie, was Ihnen in der Vergangenheit am meisten Spaß gemacht hat, was Sie am besten können und was Sie motiviert hat. Hier sind einige Fragen, die Ihnen bei diesen Überlegungen helfen sollen:

- Was sind meine größten Erfolge?

- Welche Aktivitäten mache ich gerne?
- Welche Herausforderungen habe ich erfolgreich gemeistert?
- Was sind meine bevorzugten Lernmethoden?
- Was sind meine Lieblingsthemen oder -bereiche?

Wenn Sie über Ihre bisherigen Erfahrungen nachdenken, können Sie Muster erkennen, die Ihnen helfen, Ihre Stärken und Interessen zu identifizieren.

Beispiel: Lisa

Lisa, eine 28-jährige Frau, arbeitet in einem Bürojob und fühlt sich oft unausgefüllt und unzufrieden. Wenn sie über ihre früheren Erfahrungen nachdenkt, fällt ihr ein, dass sie in der Schule immer gerne kreative Projekte gemacht hat und sich für Kunst und Design interessierte. Sie erinnert sich auch an einen Sommerjob als Veranstaltungsplanerin, bei dem ihr das Planen und Organisieren von Veranstaltungen viel Spaß gemacht hat. Diese Erinnerungen helfen ihr zu erkennen, dass ihre Stärken und Interessen in den Bereichen Kreativität und Veranstaltungsplanung liegen könnten.

Machen Sie einen Persönlichkeitstest

Eine weitere Möglichkeit, Ihre Stärken und Interessen zu ermitteln, ist ein Persönlichkeitstest. Persönlichkeitstests können Ihnen helfen, Ihre Persönlichkeitsmerkmale, Vorlieben und Fähigkeiten zu verstehen. Es gibt viele Persönlichkeitstests, aber die bekanntesten sind der Myers-Briggs-Typenindikator (MBTI) und der Big-Five-Persönlichkeitstest.

Beispiel: Max

Max ist ein 35-jähriger Mann, der eine berufliche Veränderung anstrebt. Er hat den MBTI-Test gemacht und festgestellt, dass er ein ENTP-Typ ist. Das heißt, er ist innovativ, neugierig, risikofreudig und liebt Herausforderungen. Max erkennt, dass er seine Stärken und Interessen in einem Beruf ausleben möchte, der ihn stimuliert und es ihm ermöglicht, innovative Ideen zu entwickeln.

Neue Dinge ausprobieren

Eine weitere Möglichkeit, Ihre Stärken und Interessen herauszufinden, besteht darin, neue Dinge auszuprobieren. Indem Sie verschiedene Aktivitäten, Hobbys oder Berufe ausprobieren, können Sie herausfinden, was Sie mögen und worin Sie gut sind. Es ist wichtig, offen und neugierig zu sein und sich von Misserfolgen nicht entmutigen zu lassen. Hier sind einige Ideen, was Sie ausprobieren können:

- Nehmen Sie an einem Workshop oder Kurs teil, der Sie interessiert.
- Probieren Sie eine neue Sportart aus oder besuchen Sie einen Fitnesskurs.
- Lesen Sie Bücher über verschiedene Berufe oder sehen Sie sich Dokumentarfilme über verschiedene Berufe an.

- Suchen Sie nach Möglichkeiten, sich ehrenamtlich zu engagieren und neue Fähigkeiten zu erlernen.
- Verbringen Sie Zeit mit Menschen in verschiedenen Berufen und fragen Sie sie nach ihren Erfahrungen.

Beispiel: Anna

Anna ist eine 25-jährige Frau mit einem Bürojob, die aber gerne etwas Neues ausprobieren möchte. Sie beschließt, sich für einen Wochenend-Fotoworkshop anzumelden, obwohl sie noch nie eine Kamera benutzt hat. Sie stellt fest, dass ihr die Fotografie wirklich gefällt und sie sogar ein gewisses Talent dafür hat. Das gibt ihr den Mut, mehr über den Beruf des Fotografen zu erfahren und zu überlegen, ob sie ihn ausüben soll oder nicht.

Bitten Sie Ihre Freunde und Familie um Feedback

Manchmal ist es schwierig, unsere eigenen Stärken und Interessen zu erkennen. Freunde und Familie können uns jedoch Feedback geben und uns helfen, unsere Fähigkeiten und Leidenschaften zu erkennen. Fragen Sie Ihre Familie, was Sie ihrer Meinung nach gut können und was sie an Ihnen mögen. Fragen Sie sie auch nach ihren Interessen und Hobbys und ob Sie ähnliche Interessen haben.

Beispiel: John

John ist ein 30-jähriger Mann, der sich beruflich verändern möchte, aber nicht weiß, welche Richtung er einschlagen soll. Er fragt seine Familie und Freunde, was er ihrer Meinung nach gut kann, und seine Schwester erzählt ihm, dass er schon immer ein guter Zuhörer und Berater war und ihr oft bei der Lösung ihrer Probleme geholfen hat. Sie schlägt vor, dass er eine Karriere als Coach oder Berater in Betracht ziehen sollte. John beginnt zu recherchieren und stellt fest, dass dieser Bereich ihn sehr interessiert.

Zusammenfassung des Programms

Die Identifizierung Ihrer Stärken und Interessen ist ein wichtiger erster Schritt auf dem Weg zu einem erfüllten Leben und einer erfüllten Karriere. Indem Sie über Ihre bisherigen Erfahrungen nachdenken, Persönlichkeitstests machen, neue Dinge ausprobieren und Freunde und Familie um Rat fragen, können Sie Ihre Fähigkeiten und Leidenschaften herausfinden. Es ist wichtig, dass Sie offen und neugierig sind und sich von Misserfolgen nicht entmutigen lassen. Denken Sie daran, dass Ihre Stärken und Interessen mit der Zeit und Erfahrung wachsen können.

IV. Entwickeln Sie einen Lebensplan mit Ikigai als Ziel

Ein Lebensplan ist ein nützliches Instrument, um Ziele zu setzen und Wege zu finden, sie zu erreichen. Es ist jedoch wichtig, dass der Lebensplan auf einem soliden Fundament aufgebaut ist. Ikigai kann Ihnen dabei helfen, eine solide Grundlage zu schaffen, indem es Ihnen hilft, Ihre Stärken und Interessen zu erkennen und sie mit Ihrem Ziel und den Bedürfnissen der Welt in Einklang zu bringen. Im Folgenden finden Sie einige Schritte zur Erstellung eines Lebensplans mit Ikigai als Ziel:

Identifizieren Sie die Elemente Ihres Ikigai

Bevor Sie mit der Entwicklung Ihres Lebensplans beginnen, sollten Sie sicherstellen, dass Sie die Elemente Ihres Ikigai kennen und verstehen. Denken Sie über Ihre Stärken und Interessen sowie über Ihre Ziele und Bedürfnisse in der Welt nach, um festzustellen, wo sich diese Elemente überschneiden. Nutzen Sie diese Informationen als Ausgangspunkt für die Entwicklung Ihres Lebensplans.

Klare Ziele setzen

Ein wichtiger Teil des Lebensplans ist die Festlegung von Zielen, die auf den Elementen Ihres Ikigai basieren. Stellen Sie sicher, dass Ihre Ziele realistisch und spezifisch sind, damit Sie genau wissen, was Sie erreichen wollen. Es ist auch wichtig, dass Ihre Ziele messbar sind, damit Sie Ihre Fortschritte verfolgen und Ihre Erfolge feiern können.

Beispiel: Maria

Maria hat ihre Ikigai-Elemente identifiziert und entdeckt, dass ihre Stärken in der Kommunikation und im Schreiben liegen. Sie hat ihre Bestimmung darin gefunden, anderen zu helfen, ihre Stimme zu finden, und erkennt, dass es in der Welt ein Bedürfnis gibt, sich für diejenigen einzusetzen, die keine Stimme haben. Ihr Ziel ist es, ein Buch zu schreiben, das Frauen hilft, ihre Stimme zu finden und sich für ihre Rechte einzusetzen. Ihr Ziel ist konkret und messbar, denn sie hofft, das Buch innerhalb von sechs Monaten fertigstellen zu können.

Entwickeln Sie eine Strategie

Sobald Sie Ihre Ziele festgelegt haben, müssen Sie eine Strategie entwickeln, um sie zu erreichen. Dazu kann gehören, dass Sie Ihre Ziele in kleinere, leichter erreichbare Ziele aufteilen oder Ressourcen und Unterstützung finden, die Ihnen helfen, Ihre Ziele zu erreichen.

Beispiel: Tom

Tom möchte ein erfolgreicher Unternehmer werden und ein Unternehmen gründen, das umweltfreundliche Produkte herstellt. Seine Strategie umfasst die Entwicklung eines Geschäftsplans, die Suche nach Investoren und die Suche nach einem erfahrenen Mentor, der ihm bei der Verwirklichung seiner Vision hilft.

Einen Zeitplan festlegen

Ein Zeitplan ist ein wichtiger Bestandteil Ihres Lebensplans, denn er hilft Ihnen, Ihre Ziele zu erreichen und auf dem richtigen Weg zu bleiben. Setzen Sie klare Fristen für Ihre Ziele und planen Sie Zeit für die Umsetzung Ihrer Strategie ein.

Beispiel: Sarah

Sarah möchte ein neues Hobby finden, das ihr hilft, Stress abzubauen und kreativ zu sein. Sie will in den nächsten drei Wochen mindestens drei verschiedene Aktivitäten ausprobieren, z. B. Malen, Töpfern und Gartenarbeit. Außerdem will sie sich überlegen, welche Tätigkeit ihr am meisten Spaß macht und welche sie am besten in ihren Zeitplan einbauen kann.

Prüfen und einstellen

Es ist wichtig, Ihren Lebensplan regelmäßig zu überprüfen und anzupassen, da sich Ihre Ziele und Umstände im Laufe der Zeit ändern können. Nehmen Sie sich Zeit, um Ihre Fortschritte zu überprüfen und zu beurteilen, ob Ihre Strategie noch wirksam ist oder ob Anpassungen erforderlich sind.

Beispiel: John

John wollte seine fotografischen Fähigkeiten verbessern und professionelle Bilder machen. Nach ein paar

Wochen merkte er jedoch, dass er von der Technik und der Ausrüstung, die dazu nötig waren, nicht begeistert war. Er revidierte seinen Lebensplan und beschloss, seine Kreativität durch das Schreiben von Kurzgeschichten und Gedichten auszudrücken.

Schlussfolgerung:

Ein auf Ikigai basierender Lebensplan kann Ihnen helfen, ein erfülltes Leben zu führen, das auf Ihren Stärken und Interessen aufbaut. Indem Sie klare Ziele setzen, eine wirksame Strategie entwickeln, einen Zeitplan aufstellen und Ihre Fortschritte regelmäßig überprüfen und anpassen, können Sie Ihren Weg zu Sinn und Erfüllung finden. Denken Sie daran, dass Ihr Lebensplan ein flexibles Dokument ist und im Laufe der Zeit geändert werden kann, wenn sich Ihre Interessen und Ziele ändern.

V. Durchführung von Maßnahmen zur Erreichung von Ikigai

Wenn Sie Ihr Ikigai gefunden und einen Lebensplan erstellt haben, ist es an der Zeit, konkrete Schritte zu unternehmen, um Ihr Ziel zu erreichen. In diesem Kapitel werden wir verschiedene Strategien untersuchen, die Sie einsetzen können, um Ihre Ikigai-Pläne zu verwirklichen.

Große Ziele in kleine Schritte unterteilen

Ein häufiger Fehler ist, dass man versucht, große Ziele auf einmal zu erreichen. Das kann schnell überwältigend werden und zu Entmutigung führen. Eine bessere Strategie ist es, Ihre großen Ziele in kleinere, erreichbare Schritte aufzuteilen. So können Sie sich auf jeden einzelnen Schritt konzentrieren und Fortschritte machen, ohne sich zu überfordern.

Beispiel: Maria

Marias Ziel war es, ihr eigenes Unternehmen zu gründen. Anstatt sich auf das große Ganze zu konzentrieren, zerlegte sie ihren Plan in kleinere Schritte, wie die Entwicklung eines Geschäftsplans, die Beschaffung von Geld und die Suche nach einem geeigneten Standort. Indem sie sich auf jeden einzelnen Schritt konzentrierte, konnte sie ihr Ziel in erreichbare Teile zerlegen und voranschreiten.

Verpflichten Sie sich, jeden Tag kleine Schritte zu machen

Es ist wichtig, dass Sie jeden Tag kleine Schritte machen, um Ihre Ziele zu erreichen. Selbst wenn Sie nur 15 Minuten pro Tag an Ihrem Ziel arbeiten, können Sie mit der Zeit erhebliche Fortschritte erzielen. Konsequenz ist das wichtigste Element, um kontinuierlich an Ihrem Ziel zu arbeiten.

Beispiel: Max

Max hat sich vorgenommen, eine neue Sprache zu lernen. Anstatt sich jede Woche für einen zweistündigen Kurs anzumelden, beschloss er, sich täglich 15 Minuten mit der Sprache zu beschäftigen. Er lud eine Lern-App herunter, um jeden Tag Vokabeln zu üben, und fand eine Online-Gruppe, in der er täglich kurze Gespräche in der neuen Sprache führen konnte. Diese tägliche Routine hat Max geholfen, schneller als erwartet Fortschritte zu machen.

Umgeben Sie sich mit Menschen, die Sie unterstützen

Es ist wichtig, dass Sie sich mit Menschen umgeben, die Sie in Ihrem Streben nach Ikigai unterstützen und ermutigen. Sie können Ihnen wertvolle Ratschläge geben und Sie ermutigen, wenn Sie auf Schwierigkeiten stoßen, aber sie können Ihnen auch neue Ideen und Perspektiven vermitteln.

Beispiel: Sarah

Sarah hatte sich zum Ziel gesetzt, ein Buch zu schreiben, fand es aber schwierig, sich auf das Schreiben zu konzentrieren. Sie beschloss, sich mit anderen Schriftstellern zu vernetzen, um sich gegenseitig zu unterstützen und zu motivieren. Sie nahm an Schreibgruppen teil und knüpfte Kontakte zu anderen Schriftstellern, die ihr wertvolles Feedback und Ermutigung gaben. Mit dieser Unterstützung gelang es Sarah, ihr Buch zu schreiben und zu veröffentlichen.

Feiern Sie Ihren Erfolg

Es ist wichtig, dass Sie Ihre Erfolge auf Ihrem Ikigai-Weg feiern. Das gibt Ihnen das Gefühl, etwas erreicht zu haben, und motiviert Sie zum Weitermachen. Auch kleine Erfolge verdienen es, gefeiert zu werden, um Sie auf dem richtigen Weg zu halten und Sie daran zu erinnern, dass Sie auf dem richtigen Weg sind.

Beispiel: Tom

Tom setzte sich zum Ziel, wieder in Form zu kommen, und begann, regelmäßig ins Fitnessstudio zu gehen. Nach einem Monat stellte er fest, dass er an Kraft und Ausdauer gewonnen hatte. Er beschloss, seine Fortschritte zu feiern und kaufte sich ein neues Paar Turnschuhe. Indem er seinen Erfolg feierte, konnte Tom motiviert bleiben und weiterhin regelmäßig ins Fitnessstudio gehen.

Aus Misserfolgen lernen

Widrigkeiten sind ein natürlicher Teil des Weges zum Ikigai. Es ist wichtig, aus ihnen zu lernen und sich nicht entmutigen zu lassen. Nutzen Sie Rückschläge als Lernmöglichkeit und sehen Sie sie als Chance, Ihre Strategie zu überdenken und zu verbessern.

Beispiel: Anna

Anna wollte eine neue Fertigkeit erlernen, stellte aber bald fest, dass es ihr schwer fiel, sich auf die Übungen zu konzentrieren. Nach ein paar Wochen wählte sie eine andere Lernmethode und erzielte bessere Ergebnisse. Durch diese Misserfolge konnte Anna lernen, welche Methode für sie am besten geeignet war, und schließlich ihr Ziel erreichen.

Kurz gesagt: Handeln ist ein entscheidender Schritt, um Ihr Ikigai zu erreichen. Es erfordert Engagement, Beharrlichkeit und die Bereitschaft, sich auf die kleinen Schritte zu konzentrieren, die letztendlich zu großen Fortschritten führen. Holen Sie sich Unterstützung von anderen und feiern Sie Ihre Erfolge auf dem Weg, aber seien Sie auch bereit, aus Misserfolgen zu lernen und Ihre Strategie anzupassen. Mit diesen Strategien können Sie Ihre Ikigai-Ziele verwirklichen und ein erfülltes Leben führen.

7. Andere Aspekte des Ikigai

I. Ikigai und Kreativität

Kreativität ist ein wichtiger Bestandteil des menschlichen Lebens und ein Schlüsselelement, um Ikigai zu erreichen. Kreativität ermöglicht es uns, neue Ideen zu entwickeln, unsere kreativen Fähigkeiten zu verbessern und unsere Fähigkeit zu entwickeln, neue Lösungen für Probleme zu finden. In diesem Kapitel werden wir sehen, wie Kreativität und Ikigai zusammenhängen und wie Sie Ihre kreativen Fähigkeiten nutzen können, um Ihr Ikigai zu finden.

Was ist Kreativität?

Kreativität ist die Fähigkeit, neue Ideen zu entwickeln, innovative Lösungen zu finden und neue Wege zur Problemlösung zu finden. Kreativität ist keine Fähigkeit, die Künstlern oder Schriftstellern vorbehalten ist. Jeder hat das Potenzial, kreativ zu sein, unabhängig von seinem Beruf oder seiner Lebenssituation.

Kreativität und Ikigai

Kreativität spielt eine wichtige Rolle bei der Suche nach unserem Ikigai. Indem wir unsere kreativen Fähigkeiten nutzen, können wir unsere Leidenschaften und Interessen entdecken und uns auf den Weg zu einem erfüllten Leben machen. Kreativität ermöglicht es uns auch, mit uns selbst und unserer Umwelt in Kontakt zu kommen, was uns hilft, unsere Ziele und Werte zu definieren.

Wie können Sie Ihre Kreativität nutzen, um Ihr Ikigai zu finden?

Entdecken Sie Ihre kreativen Fähigkeiten

Der erste Schritt, um Ihre Kreativität zu nutzen und Ikigai zu finden, besteht darin, Ihre kreativen Fähigkeiten zu entdecken. Machen Sie eine Liste Ihrer Hobbys und Interessen und überlegen Sie, welche kreativen Fähigkeiten Sie dafür brauchen. Fragen Sie sich, welche Aktivitäten Sie glücklich machen und welche Herausforderungen Sie gerne annehmen würden.

Beispiel: Lisa

Lisa beschloss, ihre Kreativität zu nutzen, um ihr Ikigai zu finden. Sie erstellte eine Liste ihrer Interessen und stellte fest, dass sie gerne zeichnet und malt. Lisa beschloss, ihre Fähigkeiten zu verbessern, indem sie einen Malkurs belegte. Durch diesen Kurs konnte sie nicht nur ihre Fähigkeiten verbessern, sondern auch ihr Selbstvertrauen stärken und ihr Ikigai finden.

Entwickeln Sie Ihre kreativen Fähigkeiten

Wenn Sie Ihre kreativen Fähigkeiten erkannt haben, ist es wichtig, sie zu verbessern und auszubauen. Es gibt viele Möglichkeiten, Ihre kreativen Fähigkeiten zu verbessern, z. B. durch den Besuch von Kursen oder Workshops oder durch Online-Kurse.

Beispiel: John

John interessiert sich schon lange für die Fotografie und beschloss, seine Fähigkeiten durch einen Online-Fotokurs zu verbessern. Durch diesen Kurs konnte er nicht nur seine Fähigkeiten verbessern, sondern auch neue Techniken erlernen und seine Fotografie in einem neuen Licht präsentieren. Indem er seine kreativen Fähigkeiten verbesserte, konnte John seine Ikig

Mit neuen Ideen experimentieren

Wenn Sie Ihre kreativen Fähigkeiten verbessert haben, können Sie anfangen, neue Ideen zu entwickeln und sie auszuprobieren. Lassen Sie Ihrer Kreativität freien Lauf und experimentieren Sie mit neuen Techniken und Methoden. Es ist wichtig, dass Sie sich die Zeit nehmen, Ihre Ideen zu testen und herauszufinden, welche für Sie und Ihr Ikigai am besten funktionieren.

Beispiel: Maria

Maria hat eine Leidenschaft für Schmuckdesign und beschloss, ihren eigenen Schmuck zu entwerfen. Sie experimentierte mit verschiedenen Materialien und Techniken und verkaufte ihren Schmuck schließlich online. Indem sie mit neuen Ideen experimentierte, konnte sie ihre Fähigkeiten verbessern und ihr Ikigai finden.

Teilen Sie Ihre kreativen Projekte mit anderen

Eine weitere Möglichkeit, Ihre Kreativität zu nutzen, um Ihr Ikigai zu finden, besteht darin, Ihre Projekte mit anderen zu teilen. Sie können Ihre kreativen Projekte auf Social-Media-Plattformen teilen oder Ihre Arbeit auf lokalen Ausstellungen und Messen präsentieren. Indem Sie Ihre Arbeit mit anderen teilen, können Sie nicht nur Feedback von anderen erhalten, sondern Ihre Arbeit auch einem breiteren Publikum vorstellen.

Beispiel: Tom

Tom beschloss, seine kreativen Projekte auf Instagram zu teilen, um ein größeres Publikum zu erreichen. Indem er seine Arbeiten mit anderen teilte, konnte er Feedback von anderen erhalten und seine Fähigkeiten weiter verbessern. Schließlich erhielt er auch Anfragen von Kunden, die seine Arbeiten kaufen wollten, und konnte sein Ikigai finden, indem er seine Leidenschaft in eine erfolgreiche Karriere verwandelte.

Schlussfolgerung

Kreativität spielt eine wichtige Rolle bei der Suche nach unserem Ikigai. Indem wir unsere kreativen Fähigkeiten nutzen, können wir unsere Leidenschaften und Interessen entdecken und uns auf den Weg zu einem erfüllten Leben machen. Es ist wichtig, unsere Fähigkeiten zu verbessern, mit neuen Ideen zu experimentieren und unsere Arbeit mit anderen zu teilen.

Auf diese Weise können wir unser kreatives Potenzial voll ausschöpfen und unser Ikigai finden.

II. Ikigai und Spiritualität

Das Konzept des Ikigai ist eng mit der Spiritualität verbunden. Es geht darum, Sinn und Erfüllung im täglichen Leben zu finden. In Japan, wo das Konzept seinen Ursprung hat, ist Spiritualität ein wichtiger Bestandteil des täglichen Lebens. Es gibt viele Traditionen und Praktiken, die den Menschen helfen, ihr Ikigai zu finden und zu leben.

Die japanische Spiritualität basiert auf dem Shintoismus und dem Buddhismus. Der Shintoismus ist eine traditionelle japanische Religion, die eng mit der Natur und den natürlichen Elementen verbunden ist. Es geht darum, die Geister der Natur zu ehren und in Harmonie mit ihnen zu leben. Der Buddhismus wurde später in Japan eingeführt und entwickelte sich zu einer einzigartigen Form, die eng mit der japanischen Kultur verbunden ist. Der Buddhismus betont die Bedeutung der Meditation und des Mitgefühls und lehrt, dass alles im Leben unbestimmt ist.

Diese beiden Religionen haben das Konzept des Ikigai beeinflusst und dazu beigetragen, dass es zu einem wichtigen Teil der japanischen Kultur wurde. Es geht darum, ein erfülltes Leben zu führen, indem man seine Talente und Fähigkeiten nutzt, um anderen zu helfen und seinen Leidenschaften nachzugehen. Es ist eine Form der Spiritualität, die sich auf die Gegenwart konzentriert und darauf abzielt, ein glückliches Leben in dieser Welt zu führen.

Auch die Meditation spielt beim Streben nach Ikigai eine wichtige Rolle. In Japan gibt es eine lange Tradition der Meditation, die hilft, den Geist zu beruhigen und sich auf das Wesentliche zu konzentrieren. Die Zen-Meditation ist eine Form der buddhistischen

Meditation, die in Japan weit verbreitet ist. Sie unterstreicht die Bedeutung von Achtsamkeit und Konzentration und hilft, den Geist zu klären und Klarheit zu finden.

Die Praxis der Achtsamkeit und Konzentration ist auch eng mit dem Konzept des „Flow" verbunden. Dabei handelt es sich um einen Zustand, in dem man völlig in eine Tätigkeit eintaucht und ganz im gegenwärtigen Moment aufgeht. Dieser Zustand kann erreicht werden, wenn man einer Leidenschaft nachgeht oder an einem Projekt arbeitet. Fließen ist ein wichtiges Element des Ikigai, denn es ermöglicht es, das eigene Leben zu bereichern und täglich aufzublühen.

Ein weiterer wichtiger Aspekt der Spiritualität im Zusammenhang mit Ikigai ist die Bedeutung der Gemeinschaft. In Japan gibt es eine starke Tradition der Zusammenarbeit und Solidarität, die den Menschen hilft, ihr Ikigai zu finden und zu leben. Es geht darum, gemeinsam an Projekten zu arbeiten und sich gegenseitig zu unterstützen, um ein erfülltes Leben zu führen.

Auch in der japanischen Kultur gibt es eine enge Verbindung zwischen Kunst und Spiritualität. Die japanische Ästhetik betont die Schönheit und Einfachheit und hat einen starken Einfluss auf Kunst und Architektur. Diese Ästhetik ist eng mit dem Konzept des Ikigai verbunden, bei dem es darum geht, Schönheit im Leben zu finden und kreativ zu sein. Kunst kann Menschen helfen, mit ihrer Leidenschaft und ihrem Ikigai in Kontakt zu kommen, sich auszudrücken und zu wachsen.

Ein weiteres wichtiges Element der Spiritualität des Ikigai ist die Bedeutung der Dankbarkeit. In Japan gibt es eine lange Tradition der Dankbarkeit als eine Möglichkeit, das Leben zu schätzen und zu genießen. Es geht darum, dankbar für das zu sein, was man hat, und sich auf die positiven Aspekte des Lebens zu konzentrieren. Diese Praxis der Dankbarkeit kann Menschen helfen, ihr Ikigai zu finden, indem sie die Dinge schätzen, die ihnen wichtig sind, und ihre Leidenschaften und Talente nutzen, um anderen zu helfen.

Schließlich ist die Bedeutung von Spiritualität im Kontext von Ikigai auch eng mit der Vorstellung von Leben und Tod verbunden. In der japanischen Kultur gibt es ein starkes Bewusstsein für die Vergänglichkeit des Lebens, was dazu beiträgt, es zu schätzen und zu genießen. Es geht darum, jeden Augenblick des Lebens zu genießen und sich selbst zu verwirklichen, indem man seine Leidenschaften und Talente in den Dienst der anderen stellt. Diese Vorstellung von der Vergänglichkeit des Lebens kann den Menschen helfen, ihr Ikigai zu finden, indem sie sich auf das Wesentliche und wirklich Wichtige konzentrieren.

Insgesamt ist die Bedeutung von Spiritualität im Kontext von Ikigai eng mit der japanischen Kultur und der Idee eines erfüllten Lebens verbunden. Es geht darum, die Dinge im Leben zu schätzen und zu genießen, die einem wichtig sind, und seine Talente und Leidenschaften zu nutzen, um anderen zu helfen. Die Praxis der Meditation, Achtsamkeit und Dankbarkeit kann Menschen helfen, ihr Ikigai zu finden, indem sie Klarheit und Kreativität im Leben finden und sich auf das konzentrieren, was wirklich wichtig ist.

III. Ikigai in Beruf und Arbeit

Das Konzept des Ikigai lässt sich auch auf das Berufsleben und den Arbeitsplatz anwenden. Wenn Menschen ihr Ikigai am Arbeitsplatz finden, können sie sich bei ihrer Arbeit erfüllt und glücklich fühlen. Es geht darum, eine Arbeit zu finden, die den eigenen Talenten und Leidenschaften entspricht, und gleichzeitig einen Beitrag zur Gesellschaft zu leisten.

Die Bedeutung der Selbstreflexion ist ein wichtiger Aspekt des Ikigai im Berufsleben. Die Menschen müssen sich selbst kennen lernen, um ihr Ikigai zu finden. Es ist wichtig, seine Talente und Leidenschaften zu entdecken und zu wissen, wie man sie am besten einsetzt. Sie müssen sich auch über Ihre Ziele und Werte im Klaren sein, um eine Stelle zu finden, die mit Ihren persönlichen Werten und Überzeugungen übereinstimmt.

Ein weiterer wichtiger Aspekt des Ikigai im Berufsleben ist die Bedeutung der Kontinuität. Es geht darum, eine Arbeit zu finden, die langfristig zufriedenstellend ist und eine kontinuierliche Entwicklung ermöglicht. Sie sollten sich eine Stelle suchen, bei der Sie sich engagieren können und bei der Sie die Möglichkeit haben, zu wachsen und sich weiterzuentwickeln.

Die Bedeutung der Zusammenarbeit ist auch im Zusammenhang mit Ikigai am Arbeitsplatz von größter

Bedeutung. Die Menschen sollten sich einen Arbeitsplatz suchen, an dem sie in einem positiven und unterstützenden Umfeld arbeiten können. Es ist wichtig, mit anderen zusammenzuarbeiten, um ein gemeinsames Ziel zu erreichen und sich gegenseitig zu unterstützen.

Ein weiterer wichtiger Aspekt von Ikigai im Berufsleben ist die Bedeutung des Sinns. Es geht darum, eine Arbeit zu finden, die einen Beitrag zur Gesellschaft leistet und einen positiven Einfluss auf andere hat. Die Menschen sollten sich eine Arbeit suchen, bei der sie ihre Talente und Fähigkeiten einsetzen können, um anderen zu helfen und einen positiven Einfluss auf die Welt zu haben.

Die Bedeutung der Selbstverwirklichung ist auch im Zusammenhang mit Ikigai im Berufsleben wichtig. Die Menschen sollten sich eine Arbeit suchen, die es ihnen ermöglicht, ihre Talente und Fähigkeiten voll auszuschöpfen und sich bei ihrer Arbeit zufrieden zu fühlen. Es geht darum, einen Job zu finden, bei dem man sein Potenzial voll ausschöpfen kann und sich in seiner Arbeit erfüllt fühlt.

Die Bedeutung der Flexibilität spiegelt sich auch im Kontext von Ikigai im Arbeitsleben wider. Die Menschen sollten sich eine Stelle suchen, bei der sie flexibel arbeiten können und ein Gleichgewicht zwischen Arbeit und Privatleben finden. Es ist wichtig, einen Job zu finden, der Zeit für das lässt, was einem wichtig ist, wie Familie, Freunde oder Hobbys.

Letztlich ist das Konzept des Ikigai in der Arbeitswelt sehr wichtig, um eine befriedigende und sinnvolle Arbeit zu finden. Es geht darum, eine Arbeit zu finden, die den eigenen Talenten und Leidenschaften entspricht und gleichzeitig einen Beitrag zur Gesellschaft leistet. Selbstreflexion, Kontinuität, Zusammenarbeit, Sinn, Selbstverwirklichung und Flexibilität sind wichtige Elemente, die man bei der Suche nach dem eigenen Ikigai in der Arbeitswelt berücksichtigen sollte.

Es ist jedoch auch wichtig zu wissen, dass nicht jeder die Möglichkeit hat, seine Leidenschaften und Talente in einem Beruf auszuleben. Manche Jobs sind zwar notwendig, aber nicht immer erfüllend. In diesem Fall können Sie versuchen, Ihr Ikigai in anderen Lebensbereichen zu finden, z. B. in ehrenamtlichen Tätigkeiten oder Hobbys.

Ein weiteres wichtiges Thema im Zusammenhang mit Ikigai am Arbeitsplatz ist die Vermeidung von Burnout. Wenn eine Person einen Job hat, der nicht zu ihrem Ikigai passt, oder wenn sie überlastet ist, kann sie ein Burnout erleben. Es ist wichtig, einen Arbeitsplatz zu finden, der ein Gleichgewicht zwischen Arbeit und Privatleben ermöglicht und in dem man sich erholen und regenerieren kann.

Abschließend sei darauf hingewiesen, dass das Finden des eigenen Ikigai im Berufsleben ein Prozess ist, der Zeit und Mühe erfordert. Es ist ein fortlaufender Prozess, der möglicherweise Anpassungen erfordert, wenn sich die Umstände ändern oder neue Herausforderungen entstehen. Die Menschen müssen geduldig sein und sich auf den Prozess konzentrieren, ihre Talente und Leidenschaften zu entdecken und eine Arbeit zu finden, die sie befriedigt und ihnen einen Sinn gibt.

Letztlich kann das Konzept des Ikigai ein unschätzbares Instrument für ein erfülltes und glückliches Arbeitsleben sein. Es geht darum, eine Arbeit zu finden, die den eigenen Talenten und Leidenschaften entspricht, die einen Beitrag zur Gesellschaft leistet und die es einem ermöglicht, sich in seiner Arbeit zu entfalten. Durch Selbstreflexion, Kontinuität, Zusammenarbeit, Sinn, Selbstverwirklichung und Flexibilität können Menschen ihr ikkigai in ihrem Arbeitsleben finden und ein erfülltes und glückliches Leben führen.

IV. Ikigai im Alter und bei Lebensveränderungen

Ikigai kann auch im Alter und im Zusammenhang mit Veränderungen im Leben von Bedeutung sein. Wenn Menschen älter werden, entfernen sie sich möglicherweise von ihrem bisherigen Weg und suchen nach neuen Erfahrungen und Herausforderungen. Das Konzept des Ikigai kann dabei helfen, neue Möglichkeiten zu entdecken und ein sinnvolles und erfülltes Leben zu führen.

Mit dem Alter kann sich auch das Ikigai verändern. Wenn Sie in den Ruhestand gehen oder Ihre Karriere beenden, müssen Sie sich vielleicht neu orientieren und Ihre Interessen und Leidenschaften neu überdenken. Das Konzept des Ikigai kann Ihnen helfen, sich auf die Aspekte des Lebens zu konzentrieren, die Ihnen am wichtigsten sind und die Ihnen ein Gefühl der Erfüllung und Freude vermitteln.

Ein wichtiger Aspekt bei der Suche nach Ikigai im Alter ist die Bedeutung von sozialen Kontakten und Gemeinschaft. Viele ältere Menschen leiden unter Einsamkeit und sozialer Isolation, was sich negativ auf ihre körperliche und geistige Gesundheit auswirken kann. Eine Gemeinschaft oder Gruppe von Menschen zu finden, die dieselben Interessen und Leidenschaften teilen, kann helfen, die sozialen Bindungen zu stärken und ein erfülltes Leben im Alter zu führen.

Lebensveränderungen wie der Verlust eines geliebten Menschen, eine Scheidung oder eine Krankheit können Menschen auch dazu veranlassen, ihr Ikigai neu zu bewerten. In diesem Fall kann das Konzept des Ikigai helfen, sich auf Dinge zu konzentrieren, die

Freude und Erfüllung bringen, und neue Ziele und Interessen zu finden.

Das Konzept des Ikigai kann auch dazu beitragen, die mit dem Alter verbundenen Schwierigkeiten zu überwinden, wie etwa den Verlust der Mobilität oder körperliche Einschränkungen. Indem sie sich auf die Aspekte des Lebens konzentrieren, die ihnen am wichtigsten sind und die ihnen ein Gefühl der Erfüllung und Freude vermitteln, können ältere Menschen ihre Lebensqualität verbessern und ein erfülltes Leben führen.

Abschließend sei darauf hingewiesen, dass die Suche nach Ikigai im fortgeschrittenen Alter ein Prozess ist, der Zeit und Mühe erfordert. Es ist wichtig, geduldig zu sein und sich auf diesen Prozess zu konzentrieren, um neue Interessen und Leidenschaften zu entdecken und ein erfülltes Leben zu führen. Es ist auch wichtig, offen für neue Erfahrungen zu sein und alte Muster und Gewohnheiten zu durchbrechen, um neue Möglichkeiten zu entdecken.

Insgesamt kann das Konzept des Ikigai zu einem erfüllten und glücklichen Leben im Alter und bei Veränderungen im Leben beitragen. Es geht darum, sich auf die Aspekte des Lebens zu konzentrieren, die einem selbst am wichtigsten sind, soziale Verbindungen zu stärken und sich für neue Erfahrungen zu öffnen. Mit Geduld und Offenheit können Menschen ihr Ikigai im Alter und im Wandel des Lebens finden und ein erfülltes Leben führen.

8. Schlussbetrachtung

Das Konzept des Ikigai ist in den letzten Jahren immer populärer geworden, da es uns hilft, unseren Lebenszweck zu finden und ein erfülltes Leben zu führen. In diesem Buch haben wir die verschiedenen Facetten von Ikigai erforscht und die wichtigsten Erkenntnisse und Schlussfolgerungen zusammengefasst.

Ikigai basiert auf der Idee, dass jeder Mensch einen einzigartigen Lebenszweck hat, der eine Kombination aus seinen Stärken, Leidenschaften, Talenten und Erfahrungen ist. Der Begriff „Ikigai“ stammt aus Japan und bedeutet wörtlich „Wert des Lebens“. Es ist ein Konzept, das uns hilft, einen Sinn in unserem Leben zu finden, und uns motiviert, unsere Ziele zu erreichen.

Eine der wichtigsten Lektionen, die wir aus diesem Buch gelernt haben, ist, dass Ikigai nicht nur ein Konzept ist, sondern eine Lebensweise. Es geht darum, ein Gleichgewicht in unserem Leben zu finden, indem wir uns auf unsere Stärken und Leidenschaften konzentrieren und gleichzeitig nach neuen Erfahrungen und Möglichkeiten suchen. Wenn wir uns auf das konzentrieren, was uns wirklich wichtig ist, können wir ein erfülltes und glückliches Leben führen.

Ein weiterer wichtiger Aspekt von Ikigai ist die Bedeutung von Gemeinschaft und Beziehungen. Wir haben festgestellt, dass die Verbindung mit anderen und die Teilnahme an einer Gemeinschaft für unser Wohlbefinden und unsere Zufriedenheit wesentlich sind. Durch den Austausch mit anderen können wir neue Perspektiven gewinnen und unser Verständnis für die Welt erweitern.

Im Zusammenhang mit Gemeinschaft und Beziehungen haben wir auch über die Bedeutung von Werten und Moral gesprochen. Wir haben festgestellt, dass das Verständnis unserer Werte und Überzeugungen uns hilft, Entscheidungen zu treffen und unser Handeln zu rechtfertigen. Wenn wir uns auf unsere Werte konzentrieren, können wir ein sinnvolles Leben führen und einen positiven Einfluss auf die Welt haben.

Ein weiterer wichtiger Faktor, um Ikigai zu erreichen, ist die Bedeutung von Achtsamkeit und Selbstreflexion. Wir haben gelernt, dass es wichtig ist, sich die Zeit zu nehmen, sich auf uns selbst zu konzentrieren, um unsere Gedanken und Gefühle zu verstehen. Indem wir uns bewusst werden, was uns glücklich macht und was nicht, können wir unser Leben in die richtige Richtung lenken.

Wir haben auch über die Bedeutung von Herausforderungen und Wachstum gesprochen. Wir haben festgestellt, dass Herausforderungen uns helfen, unsere Fähigkeiten und Talente zu entwickeln und uns auf neue Erfahrungen vorzubereiten. Indem wir uns neuen Herausforderungen stellen und aus unseren Fehlern lernen, können wir uns ständig verbessern und unser Potenzial ausschöpfen.

Ein weiterer wichtiger Aspekt von Ikigai ist die Bedeutung von Entspannung und Ausgeglichenheit. Wir haben festgestellt, dass es wichtig ist, Zeit für Aktivitäten zu finden, die uns entspannen, und Zeit zum Entspannen zu finden. Zusammenfassung der wichtigsten Ergebnisse und Schlussfolgerungen

Wir haben auch über die Bedeutung von Engagement und Leidenschaft gesprochen. Wir haben erkannt, dass es wichtig ist, sich für eine Sache zu begeistern und sich auf das zu konzentrieren, was uns wirklich wichtig ist. Wenn wir unseren Leidenschaften nachgehen und uns in unserer Arbeit oder unseren

Hobbys engagieren, können wir uns erfüllt fühlen und unsere Fähigkeiten verbessern.

Schließlich diskutierten wir über die Bedeutung von Dankbarkeit und Wertschätzung. Wir haben erkannt, dass es wichtig ist, sich auf die positiven Aspekte unseres Lebens zu konzentrieren und dankbar für das zu sein, was wir haben. Wenn wir uns auf das Positive und das, was uns glücklich macht, konzentrieren, können wir ein zufriedenes und erfülltes Leben führen.

Zusammenfassend lässt sich sagen, dass Ikigai ein Konzept ist, das uns hilft, den Sinn unseres Lebens zu finden und ein erfülltes Leben zu führen. Indem wir uns auf unsere Stärken und Leidenschaften konzentrieren, uns mit anderen verbinden und uns Zeit nehmen, über uns selbst nachzudenken und zu entspannen, können wir ein sinnvolles Leben führen und unser Potenzial ausschöpfen. Wir haben auch gelernt, dass es wichtig ist, sich auf die positiven Aspekte unseres Lebens zu konzentrieren und für das, was wir haben, dankbar zu sein. Indem wir dieses Wissen in unser tägliches Leben integrieren, können wir ein erfülltes und glückliches Leben führen und unsere Ziele erreichen.

I. Perspektiven für die Zukunft des Ikigai und seine Bedeutung für ein erfülltes Leben

Das Konzept des Ikigai hat in den letzten Jahren immer mehr an Popularität gewonnen und wird zunehmend als Weg zu einem erfüllten Leben anerkannt. Obwohl es seinen Ursprung in der japanischen Kultur hat, ist es inzwischen ein international anerkanntes Konzept, das von Menschen auf der ganzen Welt genutzt wird.

Ikigai sollte weiterhin eine wichtige Rolle bei der Suche nach Sinn und einem erfüllten Leben spielen. In einer Welt, die zunehmend von der Technologie und dem schnellen Lebenstempo beherrscht wird, sehnen sich die Menschen danach, einen Sinn in ihrem Leben zu finden und dazuzugehören. Das Konzept des Ikigai bietet eine Möglichkeit, diese Bedürfnisse zu befriedigen, indem es uns ermutigt, uns auf das zu konzentrieren, was wichtig ist, und uns mit anderen zu verbinden.

Die Integration von Technologie ist eine der Möglichkeiten, wie die Bedeutung von Ikigai in Zukunft weiter zunehmen kann. Während viele Menschen befürchten, dass die Technologie unsere Fähigkeit, Kontakte zu knüpfen und ein erfülltes Leben zu führen, beeinträchtigt, gibt es auch Möglichkeiten, wie die Technologie uns helfen kann, unser Ikigai zu finden und zu verfolgen. So können beispielsweise virtuelle Netzwerke und Gemeinschaften geschaffen werden, die Menschen mit ähnlichen Interessen und Leidenschaften zusammenbringen und ihnen helfen, ihr Ikigai zu finden und zu verfolgen.

Eine weitere Zukunftsperspektive für Ikigai ist die Integration des Konzepts in das Arbeitsleben. Viele Menschen verbringen den größten Teil ihres Lebens bei der Arbeit, und es ist wichtig, dass sie in ihrer Arbeit Sinn und Zweck finden. Unternehmen könnten das Konzept von Ikigai in ihre Arbeitskultur und -praktiken integrieren, um sicherzustellen, dass ihre Mitarbeiter ein erfülltes Arbeitsleben führen und daher produktiver und zufriedener sind.

Es wird auch erwartet, dass das Konzept des Ikigai weiter erforscht und entwickelt wird. Obwohl es bereits viele Forschungen und Studien zu Ikigai gibt, gibt es noch viel zu entdecken und zu verstehen. Die Integration von Ikigai mit modernen Wissenschaften wie Psychologie, Neurologie und Philosophie kann uns helfen, das Konzept besser zu verstehen und seine Auswirkungen auf unser Wohlbefinden und unsere Lebensqualität zu messen.

Es ist daher klar, dass das Konzept des Ikigai für unser Leben sehr relevant ist und auch in Zukunft eine wichtige Rolle spielen wird. Indem wir uns auf unsere Stärken und Leidenschaften konzentrieren, uns mit anderen verbinden und uns Zeit nehmen, über uns selbst nachzudenken und zu entspannen, können wir ein sinnvolles und erfülltes Leben führen. Es ist wichtig, dass wir uns weiterhin auf diese Grundprinzipien konzentrieren und uns bemühen, unser Ikigai zu finden und zu verfolgen, um ein erfülltes und glückliches Leben zu führen.

II. Überblick über die praktischen Übungen

Abschließend werden wir einige praktische Übungen vorstellen, die Ihnen helfen, Ihr eigenes Ikigai zu entdecken und zu verfolgen.

Selbstreflexion:

Eine der wichtigsten Übungen, um Ihr Ikigai zu finden, ist die Introspektion. Nehmen Sie sich Zeit, um über Ihre Stärken, Leidenschaften, Werte und Ziele nachzudenken. Schreiben Sie sie auf und überlegen Sie, wie Sie sie in Ihr Leben einbauen können. Fragen Sie sich auch, was Sie glücklich macht und welche Tätigkeiten Sie gerne ohne Bezahlung ausüben.

Lebensgeschichte:

Eine weitere nützliche Übung besteht darin, sich mit Ihrer Lebensgeschichte zu befassen. Denken Sie an die Erfahrungen, die Sie gemacht haben, und an die Herausforderungen, denen Sie sich gestellt haben. Was haben Sie auf Ihrem Weg gelernt und wie können Sie dieses Wissen nutzen, um Ihr Ikigai zu finden und zu verfolgen?

Flow-Aktivitäten:

Flow-Aktivitäten sind Aktivitäten, bei denen Sie in Ihrem Element sind und die Zeit vergessen. Überlegen Sie, welche Aktivitäten diesen Zustand bei Ihnen auslösen und wie Sie sie in Ihr Leben integrieren können.

Armaturenbrett:

Erstellen Sie ein Dashboard, um Ihre Ziele, Werte und Leidenschaften zu visualisieren. Verwenden Sie Bilder, Symbole und Worte, um Ihre Ideen zu konkretisieren und zu motivieren.

Erfahrungen und Experimente:

Experimentieren Sie mit neuen Aktivitäten und Erfahrungen, um Ihr Ikigai zu entwickeln. Probieren Sie Dinge aus, die Sie noch nie gemacht haben, und entdecken Sie neue Interessen und Hobbys.

Meditation:

Auch Meditation kann eine nützliche Übung sein, um Ihr Ikigai zu finden und zu verfolgen. Durch Achtsamkeit und bewusstes Atmen können Sie Ihre Gedanken beruhigen und Ihren Geist für neue Ideen und Inspiration öffnen.

Dankbarkeit:

Üben Sie sich in Dankbarkeit für die Dinge, die Sie bereits in Ihrem Leben haben. Konzentrieren Sie sich auf das Positive und auf das, was in Ihrem Leben bereits gut läuft. Das wird Ihnen helfen, eine positive Einstellung zu entwickeln und motiviert zu bleiben.

Diese Übungen sind natürlich nicht festgelegt und können individuell angepasst werden. Es ist wichtig, dass Sie Ihren eigenen Weg finden, um Ihr Ikigai zu entdecken und zu verfolgen. Nutzen Sie diese Übungen als Ausgangspunkt, um Ihre eigene Ikigai-Reise zu beginnen.

Insgesamt sind diese Übungen nützliche Werkzeuge, die Ihnen helfen, Ihr Ikigai zu finden und zu verfolgen. Wenn Sie sich auf Ihre Stärken, Leidenschaften und Werte konzentrieren, können Sie ein erfülltes Leben führen und Sinn und Zweck in Ihrem Leben finden. Denken Sie daran, dass die Entdeckung Ihres Ikigai eine Reise ist und es Zeit und Geduld braucht, um es zu verinnerlichen und zu meistern.

Veröffentlichung und Design: Marcus Jungnickel
Usedomstr. 66, 70439 Stuttgart, Deutschland

Tag der Veröffentlichung: 02.03.2023

Printed in Poland
by Amazon Fulfillment
Poland Sp. z o.o., Wrocław

22785448R00090